Encantamento: Desvendando os Segredos da Atração

LEONARD CURTIS

Encantamento: Desvendando os Segredos da Atração é uma obra de Leonard Curtis, destinada a fornecer insights sobre os mistérios e complexidades da atração interpessoal.

Editora: Alfazema

Design de Capa: Alfazema

Design de Páginas Internas: Alfazema

Impresso em Portugal

1ª Edição: Maio 2024

SUMÁRIO

1 Introdução ao Encantamento

1.1 O que é encantamento?

O conceito de encantamento transcende a mera atração superficial ou o interesse momentâneo. Ele representa uma forma profunda e duradoura de influência que se estabelece nas relações humanas, marcada por um sentimento de admiração, respeito e conexão genuína. No contexto do livro "Encantamento: Desvendando os Segredos da Atração", este fenômeno é explorado não apenas como uma habilidade social ou um método de persuasão, mas como uma arte que pode ser cultivada e aprimorada para enriquecer nossas vidas em múltiplos aspectos.

A importância do encantamento reside na sua capacidade de transformar interações cotidianas em experiências memoráveis e significativas. Ao contrário das abordagens tradicionais de influência, que muitas vezes se baseiam em táticas de persuasão direta ou manipulação, o encantamento enfatiza a autenticidade, a empatia e o desenvolvimento de laços emocionais fortes. Esses elementos são fundamentais para criar uma atmosfera onde as pessoas se sintam valorizadas, compreendidas e motivadas a agir não por coerção, mas por convicção pessoal.

- Autenticidade: Ser genuíno nas suas intenções e ações fortalece a confiança nas relações.

- Empatia: Compreender as necessidades e sentimentos dos outros facilita conexões mais profundas.

- Desenvolvimento emocional: Cultivar emoções positivas contribui para relações mais saudáveis e duradouras.

O encantamento também desempenha um papel crucial no mundo dos negócios e liderança. Líderes capazes de encantar seus colaboradores conseguem inspirar lealdade, motivação e um senso compartilhado de propósito. Da mesma forma, empresas que aplicam princípios de encantamento no atendimento ao cliente tendem a construir marcas fortes e fidelizar seu público. Este processo envolve não apenas estratégias comunicacionais eficazes, mas também uma cultura organizacional que valoriza cada indivíduo, seja ele colaborador ou cliente.

1.2 A importância do encantamento nas relações humanas

A relevância do encantamento nas interações humanas transcende a simples capacidade de influenciar pessoas; ela se enraíza na essência das conexões autênticas e duradouras que formamos ao longo da vida. Este fenômeno, ao ser aplicado com intenção e cuidado, tem o poder de transformar relações superficiais em laços profundos de confiança, admiração e respeito mútuo. Ao entendermos a importância do encantamento, podemos começar a ver as interações humanas sob uma nova luz, onde cada encontro possui o potencial para ser significativo e enriquecedor.

O encantamento nas relações humanas serve como um catalisador para o desenvolvimento pessoal e coletivo. Quando nos esforçamos para encantar os outros através da autenticidade, empatia e compreensão emocional, criamos um ambiente propício ao crescimento mútuo. Essa abordagem não apenas fortalece os laços existentes mas também abre portas para novas oportunidades de conexão que podem ter sido inexploradas anteriormente.

- Autenticidade: A verdadeira essência do encantamento reside na capacidade de ser genuinamente você mesmo, permitindo que os outros vejam sua verdadeira natureza.

- Empatia: Colocar-se no lugar dos outros e entender suas perspectivas é fundamental para construir relacionamentos baseados no respeito e na compreensão mútua.

- Desenvolvimento emocional: O cultivo de emoções positivas não só beneficia o indivíduo mas também cria uma atmosfera onde todos se sentem mais conectados e apoiados.

Além disso, o encantamento tem um papel crucial na superação de desafios dentro das relações. Em momentos de conflito ou mal-entendido, a capacidade de manter uma postura empática e autêntica pode facilitar a resolução de problemas de maneira construtiva.

Isso não apenas resolve as questões atuais mas também fortalece a relação contra futuros desafios, criando um ciclo virtuoso de entendimento mútuo e apoio contínuo.

Em suma, o encantamento é muito mais do que uma ferramenta social; é uma filosofia de vida que valoriza as conexões humanas acima de tudo. Ao incorporarmos princípios de encantamento em nossas vidas diárias, podemos transformar radicalmente a qualidade das nossas relações interpessoais, tornando-as mais ricas, profundas e satisfatórias. Portanto, cultivar o encantamento é investir no bem-estar coletivo e individual, promovendo um mundo onde as interações humanas são marcadas por genuinidade, compreensão e afeto recíproco.

1.3 Abordagem científica e acessível do encantamento

A abordagem científica e acessível do encantamento nos permite compreender este fenômeno não apenas como uma arte, mas também como uma ciência que pode ser estudada, compreendida e aplicada de maneira sistemática. Esta perspectiva nos ajuda a desmistificar o processo de encantar, tornando-o mais tangível e acessível a todos, independentemente de suas habilidades inatas ou experiências prévias.

O estudo científico do encantamento envolve a análise de comportamentos humanos, emoções, psicologia social e dinâmicas interpessoais. Pesquisadores da área buscam identificar padrões e princípios que possam ser replicados para facilitar conexões mais profundas e significativas entre as pessoas. Por exemplo, estudos em psicologia positiva mostram como gestos de gratidão podem aumentar os níveis de satisfação em relacionamentos, enquanto pesquisas em comunicação não-verbal destacam a importância da linguagem corporal na transmissão de autenticidade e confiança.

Além disso, a abordagem científica busca tornar o encantamento acessível através da educação emocional e do desenvolvimento de habilidades sociais.

Programas de treinamento em inteligência emocional, por exemplo, ensinam indivíduos a reconhecerem suas próprias emoções e as dos outros, melhorando sua capacidade de se conectar em um nível mais profundo.

Técnicas de comunicação assertiva são igualmente importantes para expressar pensamentos e sentimentos de maneira clara e respeitosa, fortalecendo os laços interpessoais.

Importante mencionar é o papel da tecnologia na democratização do acesso ao conhecimento sobre o encantamento. Plataformas online oferecem cursos, workshops e conteúdos diversos que permitem às pessoas aprenderem no seu próprio ritmo sobre como melhorar suas habilidades sociais e emocionais. Essa facilidade de acesso transforma o encantamento numa habilidade que pode ser desenvolvida por qualquer pessoa interessada em enriquecer suas relações humanas.

Em suma, ao adotarmos uma abordagem científica e acessível ao estudo do encantamento, podemos transformá-lo num campo prático de autoaperfeiçoamento contínuo. Isso não só beneficia nossas interações cotidianas mas também contribui para uma sociedade mais empática e conectada.

2 Autenticidade e Empatia

2.1 A importância da autenticidade nas relações interpessoais

A autenticidade é um pilar fundamental nas relações interpessoais, servindo como a base sobre a qual a confiança e o respeito mútuo são construídos. Este conceito transcende a mera honestidade, abrangendo uma genuinidade de caráter que permite às pessoas se apresentarem como realmente são, sem máscaras ou pretensões. No contexto do livro "Encantamento: Desvendando os Segredos da Atração", a autenticidade é destacada como um elemento essencial para criar conexões profundas e significativas com os outros.

Em um mundo cada vez mais digitalizado, onde as interações sociais frequentemente ocorrem por meio de telas e plataformas virtuais, a autenticidade emerge como um contraponto vital à superficialidade que pode prevalecer nesses espaços. Ela permite que indivíduos formem laços baseados em compreensão mútua e apreciação verdadeira das qualidades únicas de cada pessoa. Além disso, ser autêntico incentiva outros a fazerem o mesmo, criando um ambiente onde as relações são fortalecidas pela sinceridade e transparência.

Autenticidade promove conexões mais profundas: Ao sermos genuínos, permitimos que os outros conheçam nossa verdadeira essência, facilitando uma conexão emocional mais forte.

- Construção de confiança: Ser consistente em palavras e ações reforça a confiança dos outros em nós, elemento crucial para qualquer relação saudável.

- Incentivo à reciprocidade: Quando nos mostramos autênticos, encorajamos os outros a fazerem o mesmo, estabelecendo uma dinâmica de interação baseada na honestidade e abertura.

A prática da autenticidade requer coragem e autoconhecimento. Reconhecer e aceitar nossas próprias vulnerabilidades pode ser desafiador, mas é precisamente essa vulnerabilidade que humaniza as interações, tornando-as mais ricas e gratificantes. O livro sugere exercícios reflexivos para explorar aspectos do próprio caráter e valores pessoais como forma de cultivar uma presença mais autêntica no mundo.

Em suma, adotar uma postura autêntica nas relações interpessoais enriquece a relação.

2.2 Empatia como pilar para conexões genuínas

A empatia, definida como a capacidade de compreender e compartilhar os sentimentos de outra pessoa, emerge como um pilar fundamental na construção de conexões genuínas entre indivíduos. Este conceito vai além da simples simpatia, exigindo um mergulho profundo nas experiências e emoções alheias, permitindo uma compreensão mais rica e multifacetada do outro. No contexto das relações interpessoais, a empatia atua como uma ponte que facilita o entendimento mútuo e fortalece os laços emocionais.

Empatizar com alguém significa colocar-se no lugar dessa pessoa, tentando ver o mundo através de seus olhos. Essa prática não apenas ajuda a resolver conflitos ao reconhecer as preocupações e necessidades dos outros, mas também promove um ambiente de apoio mútuo onde todos se sentem ouvidos e valorizados. A empatia é particularmente crucial em situações de vulnerabilidade, onde a sensibilidade às emoções alheias pode ser o diferencial entre o isolamento e a conexão.

- Aprofundamento das relações: A empatia permite entender as motivações internas dos outros, criando uma base sólida para relacionamentos autênticos.

- Promoção da cooperação: Ao demonstrar empatia, incentivamos um clima de colaboração e respeito mútuo.

- Desenvolvimento da inteligência emocional: Praticar a empatia contribui para o crescimento pessoal ao refinar nossa capacidade de navegar complexidades emocionais.

Além disso, a empatia tem um papel crucial no mundo digitalizado atual. Em plataformas virtuais onde as nuances emocionais podem ser mais difíceis de perceber, fazer um esforço consciente para entender os sentimentos dos outros pode ajudar a superar barreiras comunicacionais. Isso é especialmente relevante nas redes sociais e ambientes online onde mal-entendidos são comuns.

Em suma, cultivar a empatia não apenas enriquece nossas interações diárias mas também nos torna melhores ouvintes e comunicadores. Ela nos desafia a olhar além das nossas próprias perspectivas, abrindo caminho para descobertas significativas sobre os outros e sobre nós mesmos. Portanto, integrar a prática empática no cerne das nossas relações é essencial para desenvolver conexões verdadeiramente profundas e duradouras.

2.3 Exercícios práticos para desenvolver autenticidade e empatia

A autenticidade e a empatia são qualidades essenciais para o estabelecimento de relações interpessoais significativas e duradouras. Desenvolver essas habilidades pode não ser uma tarefa fácil, mas existem exercícios práticos que podem auxiliar nesse processo. A seguir, exploraremos algumas atividades que visam fortalecer a capacidade de ser genuíno nas interações com os outros e de se colocar no lugar de outra pessoa, promovendo uma compreensão mais profunda das suas experiências e emoções.

- **Diário da gratidão:** Escrever regularmente sobre as coisas pelas quais você é grato pode aumentar sua percepção positiva sobre a vida e fortalecer sua autenticidade. Isso ajuda a reconhecer o valor das pequenas coisas e a expressar sinceramente seus sentimentos.

- **Prática da escuta ativa:** Dedique-se a ouvir mais do que falar nas conversas. Tente entender verdadeiramente o ponto de vista do outro sem julgamentos prévios ou interrupções. Isso não apenas demonstra respeito pelo outro, mas também desenvolve sua capacidade empática.

- **Meditação focada na empatia:** Existem técnicas de meditação que incentivam a visualização positiva em relação aos outros, promovendo sentimentos de compaixão e empatia. Praticá-las regularmente pode ajudar a melhorar sua resposta emocional às necessidades alheias.

- **Autoanálise reflexiva:** Reserve um momento do seu dia para refletir sobre suas interações sociais. Pergunte-se como suas palavras e ações afetaram aqueles ao seu redor e como você poderia melhorar sua comunicação para ser mais autêntico e empático.

- **Treinamento em assertividade:** Participar de workshops ou cursos que ensinam como expressar seus pensamentos e sentimentos de maneira clara e respeitosa pode ser extremamente benéfico. Aprender a comunicar suas necessidades enquanto respeita as dos outros é um passo crucial para viver autenticamente.

Ao incorporar esses exercícios na rotina diária, indivíduos podem notavelmente melhorar suas habilidades sociais, tornando-se mais abertos, genuínos, e compreensivos nas relações interpessoais. O desenvolvimento da autenticidade e da empatia não só beneficia o próprio indivíduo em seu crescimento pessoal mas também enriquece significativamente as conexões com os demais, criando um ambiente mais harmonioso e cooperativo.

3 Técnicas de Persuasão Ética e Eficaz

3.1 O poder do carisma pessoal

A importância do carisma pessoal no contexto da persuasão ética e eficaz é inegável. Este atributo, muitas vezes considerado inato, na verdade pode ser desenvolvido e aprimorado com técnicas específicas. O carisma não se limita apenas à capacidade de atrair e encantar as pessoas; ele engloba uma série de competências comunicativas, emocionais e comportamentais que, quando harmonizadas, potencializam significativamente a influência de um indivíduo.

O carisma pessoal é composto por três pilares fundamentais: presença, poder e calor humano. A **presença** refere-se à habilidade de estar completamente atento e engajado no momento presente durante interações com outras pessoas. Isso transmite respeito e valorização ao interlocutor, criando um ambiente propício para a conexão genuína.

O **poder**, por sua vez, está relacionado à percepção de competência, confiança e capacidade de liderança que uma pessoa projeta. Por fim, o **calor humano** diz respeito à empatia, gentileza e acessibilidade percebidas pelos outros.

Técnicas para aumentar a presença incluem exercícios de mindfulness e práticas focadas na melhoria da linguagem corporal.

Para ampliar o senso de poder, recomenda-se trabalhar na autoconfiança através de conquistas pessoais e feedback positivo.

O calor humano pode ser desenvolvido por meio da escuta ativa e demonstrações sinceras de interesse pelo bem-estar dos outros.

A combinação desses elementos transforma o carisma em uma ferramenta poderosa para quem deseja persuadir eticamente. Ao invés de manipular ou coagir, o indivíduo carismático inspira confiança e admiração naturalmente, facilitando a construção de relações sólidas baseadas no respeito mútuo. Além disso, o carisma contribui para a formação de uma imagem positiva duradoura na mente das pessoas.

Exemplos notáveis incluem líderes mundiais reconhecidos pela sua capacidade extraordinária de mobilizar massas não apenas através do conteúdo da mensagem transmitida mas também pelo modo como se apresentam ao público. Esses líderes utilizam

3.2 Estratégias de persuasão ética

A persuasão ética é uma ferramenta poderosa que, quando utilizada corretamente, pode influenciar positivamente as decisões e comportamentos das pessoas sem recorrer a manipulações ou coações. Este conceito se baseia na ideia de que é possível convencer alguém através do uso de argumentos racionais, emocionais e éticos, respeitando sempre a liberdade e a autonomia do outro. As estratégias de persuasão ética são fundamentais para profissionais em todas as áreas, desde o marketing até a política, passando pela educação e pelo ativismo social.

Uma das principais estratégias envolve o estabelecimento de uma comunicação clara e transparente. Isso significa ser honesto sobre os objetivos da persuasão e fornecer todas as informações necessárias para que o interlocutor possa tomar uma decisão informada. Além disso, é crucial adaptar a mensagem ao público-alvo, considerando seus valores, crenças e experiências prévias para criar uma conexão mais profunda e significativa.

Utilizar histórias e narrativas pessoais para criar uma conexão emocional, tornando a mensagem mais relatable e memorável.

Aplicar princípios de reciprocidade, mostrando estar disposto a dar algo antes de pedir algo em troca.

Demonstrar consistência e confiabilidade nas ações e nas palavras para construir credibilidade junto ao público.

Outro aspecto importante da persuasão ética é o respeito pela diversidade de opiniões. Em vez de tentar impor um ponto de vista único, é mais produtivo apresentar diferentes perspectivas e incentivar um diálogo aberto. Isso não apenas enriquece a discussão mas também promove um ambiente onde as pessoas se sentem valorizadas e ouvidas.

A aplicação dessas estratégias requer prática contínua e reflexão sobre suas próprias motivações ao tentar persuadir outros. Exemplos notáveis incluem campanhas publicitárias que focam no bem-estar do consumidor ou políticas públicas desenvolvidas com ampla participação cidadã. Esses casos demonstram como a persuasão ética pode ser eficaz não apenas para alcançar objetivos específicos mas também para fomentar relações mais justas e equilibradas na sociedade.

Em suma, dominar as técnicas de persuasão ética é essencial para qualquer pessoa que deseje influenciar positivamente seu entorno sem comprometer seus valores ou a integridade dos outros. Ao adotar esses métodos, é possível construir pontes de entendimento mútuo que beneficiam tanto o indivíduo quanto o coletivo.

3.3 Aplicação prática das técnicas de persuasão

A aplicação prática das técnicas de persuasão ética transcende a teoria, exigindo um entendimento profundo do contexto humano e social em que são empregadas. A eficácia dessas técnicas reside na habilidade de adaptá-las às necessidades e características específicas do público-alvo, criando uma ponte de comunicação genuína e respeitosa.

Um exemplo claro da aplicação dessas técnicas pode ser observado no âmbito do marketing digital. Aqui, a criação de conteúdo personalizado que ressoa com as experiências, desejos e necessidades do público é fundamental. Utilizar narrativas que contam histórias reais, por exemplo, pode gerar uma conexão emocional forte, aumentando a eficácia da mensagem persuasiva.

Desenvolver campanhas baseadas em valores compartilhados entre a marca e seu público, fortalecendo o senso de comunidade e pertencimento.

Implementar estratégias de prova social através de depoimentos e avaliações positivas para construir confiança e credibilidade.

Oferecer conteúdo educativo que empodera o consumidor, facilitando sua jornada de decisão com informações úteis e relevantes.

No contexto educacional, as técnicas de persuasão ética podem ser utilizadas para motivar os estudantes. Através da aplicação de princípios como reciprocidade e consistência, é possível criar um ambiente mais engajador e propício ao aprendizado. Por exemplo, ao oferecer feedback construtivo regularmente, os educadores demonstram comprometimento com o desenvolvimento dos alunos, incentivando-os a se dedicarem mais aos estudos.

Na esfera política, a persuasão ética é crucial para fomentar diálogos construtivos sobre temas sensíveis ou controversos. Ao apresentar argumentos baseados em fatos concretos e promover um espaço aberto à diversidade de opiniões, políticos podem persuadir efetivamente sem polarizar ou alienar segmentos da população.

Em suma, a aplicação prática das técnicas de persuasão ética requer uma combinação equilibrada entre conhecimento teórico e sensibilidade humana. Seja no marketing digital, na educação ou na política, entender profundamente o público-alvo é essencial para comunicar-se de maneira eficaz e respeitosa. Assim sendo, estas estratégias não apenas alcançam seus objetivos específicos mas também contribuem para relações mais saudáveis e produtivas na sociedade.

4 Autoconhecimento e Desenvolvimento Pessoal

4.1 A importância do autoconhecimento na atração humana

O autoconhecimento é um pilar fundamental no desenvolvimento das relações humanas, especialmente quando se trata de atração. Este conceito vai muito além da simples percepção de características físicas ou interesses comuns; ele abrange uma compreensão profunda de nossos próprios valores, emoções e comportamentos. Ao nos conhecermos melhor, somos capazes de projetar uma autenticidade que é magneticamente atraente para os outros, criando conexões mais significativas e duradouras.

A importância do autoconhecimento na atração humana reside na capacidade de entender o que realmente valorizamos em nós mesmos e nos outros. Isso não apenas aumenta nossa autoestima e confiança mas também nos permite identificar parceiros potenciais que compartilham desses mesmos valores essenciais. Além disso, ao estarmos cientes de nossas próprias necessidades emocionais, podemos comunicar-nos de forma mais eficaz, evitando mal-entendidos e conflitos desnecessários.

Autoaceitação: Reconhecer e aceitar nossas qualidades e defeitos melhora nossa autopercepção, tornando-nos mais atrativos para os outros.

Empatia: O autoconhecimento facilita o desenvolvimento da empatia, permitindo-nos compreender melhor as emoções e necessidades dos outros.

Comunicação: Uma compreensão clara de nossos próprios pensamentos e sentimentos nos ajuda a expressar nossas ideias e desejos mais claramente.

Além disso, o processo de autoconhecimento incentiva um crescimento pessoal contínuo.

À medida que evoluímos como indivíduos, aprendemos novas formas de nos relacionarmos com as pessoas ao nosso redor. Isso não só enriquece nossas experiências pessoais mas também aumenta nossa capacidade de atrair indivíduos que ressoam com quem somos em nossa essência. Portanto, investir no autoconhecimento é investir na qualidade das nossas relações interpessoais.

Em suma, o autoconhecimento é uma ferramenta poderosa na arte da atração humana.

Ele nos permite apresentar nossa verdadeira essência ao mundo, atraindo naturalmente aqueles que apreciam o que temos de único para oferecer. Assim sendo, cultivar um profundo relacionamento.

4.2 Desenvolvimento pessoal como componente crucial da atração

O desenvolvimento pessoal emerge como um elemento fundamental na dinâmica da atração humana, estendendo-se muito além das fronteiras do autoconhecimento. Enquanto o autoconhecimento nos permite entender e aceitar quem somos, o desenvolvimento pessoal é o processo contínuo de evolução em direção à melhor versão de nós mesmos. Esta jornada não apenas nos transforma internamente mas também altera a maneira como somos percebidos externamente, aumentando significativamente nosso poder de atração.

A importância do desenvolvimento pessoal na atração reside na sua capacidade de refinar nossas qualidades, habilidades e competências. Ao dedicarmos tempo e esforço para melhorar aspectos específicos de nossas vidas, seja através da educação, práticas de saúde mental e física ou experiências culturais enriquecedoras, projetamos uma imagem de alguém que valoriza o crescimento e a automejoração. Isso é intrinsecamente atraente porque sinaliza aos outros que somos parceiros potenciais desejáveis, capazes de contribuir positivamente para relacionamentos saudáveis e enriquecedores.

Confiança: O desenvolvimento pessoal aumenta nossa confiança ao nos equipar com novas habilidades e conhecimentos.

Resiliência: Através dos desafios enfrentados no processo de crescimento pessoal, aprendemos a ser mais resilientes diante das adversidades.

Vitalidade: A busca por uma versão melhorada de nós mesmos nos mantém motivados e energizados, qualidades altamente atrativas.

Além disso, o comprometimento com nosso próprio desenvolvimento envia uma mensagem poderosa sobre nossa capacidade de investir em nós mesmos e, por extensão, em nossos relacionamentos. Isso cria um ciclo virtuoso onde quanto mais nos desenvolvemos, mais atrativos nos tornamos; e quanto mais atrativos nos tornamos, mais oportunidades temos para relações significativas que incentivam ainda mais nosso crescimento pessoal.

Em resumo, enquanto o autoconhecimento é essencial para reconhecer nossa verdadeira essência, é o desenvolvimento pessoal que catalisa nossa transformação em indivíduos cada vez mais completos e magneticamente atraentes.

Portanto, investir no próprio crescimento não é apenas um ato de amor-próprio mas também uma estratégia eficaz para ampliar nossa capacidade de atrair e manter relações profundas e satisfatórias.

4.3 Exercícios reflexivos para autoconhecimento e desenvolvimento pessoal

A prática de exercícios reflexivos é uma ferramenta poderosa no caminho do autoconhecimento e do desenvolvimento pessoal. Esses exercícios nos ajudam a mergulhar profundamente em nossos pensamentos, sentimentos e comportamentos, permitindo uma compreensão mais clara de quem somos e como podemos crescer. Ao dedicar tempo para refletir sobre nossas experiências e aspirações, abrimos espaço para transformações significativas em nossa vida.

Um dos exercícios mais eficazes é a escrita reflexiva, que pode ser praticada através de um diário pessoal. Escrever regularmente sobre nossas vivências, emoções e aprendizados nos ajuda a processar experiências passadas e planejar futuras ações com maior consciência. Este método não apenas facilita o autoconhecimento mas também promove uma saúde mental equilibrada, ao oferecer um espaço seguro para expressão autêntica.

Meditação guiada: A prática da meditação pode ser direcionada para o autoconhecimento, utilizando técnicas que focam na observação dos próprios pensamentos e sentimentos sem julgamento

Perguntas profundas: Fazer-se perguntas provocativas pode desencadear insights valiosos sobre nossas verdadeiras paixões, medos e valores. Questões como "O que eu faria se não tivesse medo?" ou "Quais são as coisas que me fazem sentir mais vivo?" são exemplos poderosos.

Análise SWOT pessoal: Adaptando uma ferramenta comum no mundo dos negócios, essa análise envolve identificar forças (Strengths), fraquezas (Weaknesses), oportunidades (Opportunities) e ameaças (Threats) em nossa vida pessoal, promovendo um entendimento profundo de onde estamos agora e para onde queremos ir.

Além disso, a prática da gratidão diária é outro exercício reflexivo transformador. Ao final de cada dia, dedicar um momento para refletir sobre pelo menos três coisas pelas quais somos gratos pode mudar significativamente nossa perspectiva de vida. Esse hábito cultiva uma atitude positiva perante os desafios diários e aumenta nosso bem-estar geral ao reconhecer as bênçãos presentes em nossa jornada.

Em suma, os exercícios reflexivos são essenciais no processo de autoconhecimento e desenvolvimento pessoal. Eles nos equipam com a clareza necessária para tomar decisões alinhadas com nossos valores mais profundos e nos encorajam a viver de maneira mais intencional e satisfatória. Portanto, incorporá-los à rotina representa um passo fundamental na busca pela melhor versão de nós mesmos

5. Encantamento no Mundo dos Negócios

5.1 Aplicação dos princípios de encantamento em ambientes corporativos

A aplicação dos princípios de encantamento em ambientes corporativos é uma estratégia inovadora que promete revolucionar a maneira como as empresas se comunicam interna e externamente, criando uma cultura organizacional mais positiva e produtiva. Este conceito, embora complexo, baseia-se na ideia simples de que relações genuínas e empáticas podem levar a resultados comerciais significativamente melhores.

O primeiro passo para implementar o encantamento no ambiente corporativo é entender a importância da autenticidade. Empresas que praticam a transparência e sinceridade em suas operações tendem a construir confiança não só entre os membros da equipe mas também com clientes e parceiros. A autenticidade cria um terreno fértil para o desenvolvimento de relações duradouras, fundamentadas no respeito mútuo e na compreensão.

Além disso, a empatia surge como um pilar central na aplicação do encantamento nos negócios. Compreender as necessidades, desejos e preocupações dos colaboradores e clientes permite às empresas oferecer soluções mais alinhadas às expectativas do seu público-alvo. A prática da empatia pode ser manifestada através de políticas de suporte ao colaborador, atendimento ao cliente personalizado ou iniciativas sociais que reflitam os valores da empresa.

Desenvolvimento de lideranças carismáticas: Líderes que demonstram carisma naturalmente encantam sua equipe, inspirando motivação e comprometimento.

Comunicação eficaz: Uma comunicação clara, aberta e positiva é essencial para manter todos na mesma página, reduzindo mal-entendidos e conflitos.

Criação de experiências memoráveis para clientes: Oferecer não apenas produtos ou serviços, mas experiências únicas que cativem os clientes.

Implementar esses princípios requer uma mudança cultural dentro das organizações, o que pode ser desafiador mas extremamente recompensador. Empresas bem-sucedidas nesse aspecto frequentemente relatam melhorias significativas no engajamento dos funcionários, satisfação do cliente e resultados financeiros. Portanto, o encantamento no mundo corporativo não é apenas uma estratégia de marketing ou gestão; é uma filosofia empresarial holística.

5.2 Melhorando a comunicação interna através do encantamento

A melhoria da comunicação interna por meio do encantamento é uma abordagem que transcende as práticas convencionais de gestão de pessoas, visando criar um ambiente de trabalho mais harmonioso e produtivo. Este processo começa com o reconhecimento da importância de cada colaborador dentro da organização, promovendo uma cultura de valorização e respeito mútuo. Ao aplicar os princípios do encantamento na comunicação interna, as empresas podem transformar a maneira como os membros da equipe interagem entre si e com a liderança.

Uma estratégia eficaz para melhorar a comunicação interna envolve o desenvolvimento de líderes carismáticos que possam servir como modelos para seus times. Líderes que praticam a escuta ativa, demonstram empatia e se comunicam de forma clara e inspiradora tendem a criar um ambiente onde os colaboradores se sentem mais confortáveis para expressar suas ideias e preocupações. Isso não apenas aumenta o engajamento dos funcionários mas também incentiva a inovação e a criatividade.

Implementação de canais de comunicação abertos: Ferramentas que facilitam o diálogo contínuo entre diferentes níveis hierárquicos.

Treinamentos regulares em habilidades comunicativas: Programas destinados a melhorar tanto a comunicação verbal quanto não-verbal no ambiente corporativo.

Iniciativas de team building: Atividades projetadas para fortalecer laços entre os membros da equipe, promovendo um senso maior de pertencimento e cooperação.

Além disso, personalizar a experiência do colaborador dentro da empresa pode ser um poderoso catalisador para melhorar a comunicação interna.

Reconhecer conquistas individuais, celebrar datas importantes na vida dos funcionários e oferecer feedback construtivo são práticas que contribuem significativamente para um clima organizacional positivo. Quando os colaboradores se sentem valorizados, eles naturalmente se tornam mais abertos à comunicação e ao compartilhamento de ideias.

Em suma, ao adotar uma abordagem centrada no encantamento para melhorar a comunicação interna, as organizações não apenas otimizam suas operações mas também cultivam um ambiente onde todos se sentem parte integrante do sucesso coletivo. Esta transformação cultural requer esforço contínuo e comprometimento por parte da liderança mas é fundamental para construir equipes altamente motivadas e alinhadas com os valores corporativos.

5.3 Técnicas para encantar clientes e parceiros comerciais

A arte de encantar clientes e parceiros comerciais é fundamental no mundo dos negócios, pois contribui significativamente para a construção de relações duradouras e de confiança. Esta seção explora técnicas eficazes que podem ser aplicadas para alcançar esse objetivo, indo além das práticas convencionais de atendimento ao cliente.

Uma abordagem personalizada é o ponto de partida para o encantamento. Compreender as necessidades específicas e os desejos dos clientes permite que as empresas ofereçam soluções sob medida que superem suas expectativas. Isso pode ser alcançado através da coleta e análise de dados sobre preferências e comportamentos dos clientes, permitindo uma comunicação mais direcionada e relevante.

Criação de experiências memoráveis: Oferecer aos clientes uma experiência única, que os faça sentir especiais e valorizados, é essencial. Isso pode incluir desde um atendimento excepcional até pequenos gestos, como presentes personalizados em datas comemorativas.

Programas de fidelidade inovadores: Desenvolver programas de fidelidade que ofereçam recompensas verdadeiramente atrativas e relevantes pode incentivar a lealdade do cliente a longo prazo.

Comunicação eficaz: Manter uma comunicação clara, transparente e constante com os clientes ajuda a construir uma relação de confiança. Utilizar múltiplos canais digitais para facilitar essa comunicação permite alcançar os clientes onde eles estão.

Além disso, capacitar os colaboradores para que possam tomar decisões em favor do cliente é outra técnica poderosa. Quando os funcionários têm autonomia para resolver problemas ou oferecer algo extra aos clientes sem necessidade de aprovação superior, isso não apenas agiliza o processo mas também demonstra confiança na equipe.

O encantamento dos parceiros comerciais segue princípios similares, focando na criação de um relacionamento ganha-ganha. Isso envolve entender profundamente as metas e desafios dos parceiros e trabalhar conjuntamente em soluções criativas que beneficiem ambas as partes. A transparência nas negociações e a busca por feedback constante são fundamentais para ajustar estratégias e fortalecer essa parceria ao longo do tempo.

Em resumo, encantar clientes e parceiros comerciais exige um esforço contínuo em compreender suas necessidades únicas e superá-las através de interações personalizadas, comunicação efetiva, experiências memoráveis e relações baseadas na confiança mútua. Ao adotar estas técnicas, as empresas podem não apenas aumentar sua base de clientes fiéis mas também construir parcerias comerciais sólidas e duradouras.

6 Criando uma Cultura Organizacional Positiva

6.1 Princípios para uma cultura organizacional positiva

A construção de uma cultura organizacional positiva é fundamental para o sucesso e a sustentabilidade de qualquer empresa. Este princípio, embora amplamente reconhecido, requer um entendimento profundo e a aplicação consistente de estratégias que promovam um ambiente de trabalho saudável e produtivo. A base para tal cultura reside na capacidade da liderança em cultivar valores como respeito mútuo, integridade, transparência e colaboração.

Um dos pilares essenciais para estabelecer essa cultura positiva é a **comunicação eficaz**. Uma comunicação clara e aberta não apenas facilita o fluxo de informações mas também constrói confiança entre os membros da equipe. Isso inclui desde reuniões regulares de equipe até sistemas internos que promovam uma troca livre de ideias e feedbacks construtivos.

Outro aspecto crítico é o **reconhecimento e valorização dos colaboradores**. Empresas que celebram as conquistas individuais e coletivas criam um ambiente onde os funcionários se sentem motivados e valorizados.

Isso pode ser alcançado através de programas de reconhecimento, oportunidades de desenvolvimento profissional ou simples gestos no dia a dia que demonstrem apreciação pelo trabalho realizado.

Promover a diversidade e inclusão: Ambientes que respeitam e celebram as diferenças individuais incentivam a inovação e criatividade.

-

Criar um ambiente seguro: Garantir um espaço onde todos se sintam seguros para expressar suas opiniões sem medo de retaliação ou discriminação.

-

Incentivar o equilíbrio entre vida pessoal e profissional: Políticas flexíveis podem ajudar os colaboradores a gerenciar melhor suas responsabilidades fora do trabalho, aumentando sua satisfação geral com o emprego.

-

A implementação desses princípios não só melhora o bem-estar dos funcionários mas também impulsiona a produtividade ao criar um ambiente onde as pessoas estão engajadas, inspiradas e comprometidas com os objetivos da organização. Além disso, uma cultura organizacional positiva atrai talentos de alta qualidade, retém funcionários valiosos e melhora a imagem da empresa perante clientes, parceiros e stakeholders. Portanto, investir na criação

6.2 O papel do encantamento na produtividade

O conceito de encantamento no contexto organizacional transcende a mera satisfação dos colaboradores, atuando como um catalisador para a produtividade e inovação. Encantar os funcionários envolve criar uma experiência de trabalho que não só atenda às suas expectativas básicas mas também os surpreenda positivamente, gerando um comprometimento emocional com a empresa. Este comprometimento é fundamental para impulsionar a motivação intrínseca, levando a um desempenho superior e à contribuição criativa.

A importância do encantamento reside na sua capacidade de transformar o ambiente de trabalho em um espaço onde os colaboradores se sentem valorizados, respeitados e parte integral da missão organizacional. Quando as empresas conseguem estabelecer esse nível de conexão emocional, elas desbloqueiam um potencial humano incrível, caracterizado por maior lealdade, menor rotatividade e uma disposição para ir além das expectativas.

Personalização das experiências: Atenção às necessidades individuais dos colaboradores demonstra consideração e respeito pelas suas singularidades.

Ambientes inspiradores: Espaços físicos ou virtuais que estimulam a criatividade e o bem-estar contribuem significativamente para o sentimento de encantamento.

Comunicação transparente e aberta: Promove uma cultura de confiança mútua entre gestores e equipe, essencial para qualquer relação duradoura.

Além disso, estratégias como reconhecimento público das conquistas, oportunidades contínuas de aprendizado e desenvolvimento profissional são práticas que reforçam o sentimento de ser valorizado dentro da organização. Estes elementos não apenas aumentam a satisfação dos colaboradores mas também incentivam uma mentalidade orientada para o crescimento pessoal e profissional.

Em suma, investir no encantamento dos colaboradores é uma estratégia inteligente que beneficia todos os envolvidos. Empresas que priorizam essa abordagem tendem a se destacar em seus mercados pela inovação contínua e pelo alto desempenho sustentável. Portanto, criar uma cultura que promova o encantamento é essencial para organizações que buscam excelência operacional e vantagem competitiva duradoura.

6.3 Exercícios práticos para criar uma cultura organizacional positiva

A criação de uma cultura organizacional positiva é um processo contínuo que requer dedicação e esforço consciente por parte dos líderes e colaboradores. A partir do entendimento do papel crucial do encantamento na produtividade, como discutido anteriormente, podemos avançar para a implementação de exercícios práticos que promovam essa cultura desejada. Estes exercícios são projetados para fortalecer o comprometimento emocional com a empresa, estimular a motivação intrínseca e fomentar um ambiente de trabalho onde todos se sintam valorizados e respeitados.

> **Rodas de conversa sobre valores:** Organizar encontros regulares onde os colaboradores possam compartilhar suas percepções sobre os valores da empresa e como eles se refletem em seu trabalho diário. Isso ajuda a reforçar a importância dos valores organizacionais e promove um senso de pertencimento.

> **Workshops de desenvolvimento pessoal e profissional:** Oferecer oportunidades contínuas para o crescimento pessoal e profissional dos colaboradores não apenas aumenta sua satisfação mas também contribui para o desenvolvimento de habilidades que beneficiam a organização.

Dinâmicas de grupo para fortalecimento da equipe: Atividades planejadas que incentivem a colaboração, comunicação eficaz e confiança mútua entre membros da equipe podem melhorar significativamente o clima organizacional.

Além desses exercícios, é fundamental estabelecer canais abertos de comunicação onde feedbacks possam ser dados e recebidos com respeito e consideração. A prática regular de reconhecimento público das conquistas individuais e coletivas também serve como um poderoso motivador, reafirmando o valor que cada colaborador traz para a equipe.

Implementando esses exercícios práticos dentro da estrutura organizacional, as empresas podem criar ambientes inspiradores que não só encantam seus colaboradores mas também impulsionam inovação contínua e alto desempenho sustentável. Essa abordagem holística em relação à cultura organizacional garante não apenas uma vantagem competitiva duradoura mas também contribui para uma sociedade corporativa mais humana e empática.

7 Encantamento em Ação

7.1 Desafios práticos para aplicar o encantamento

A aplicação do encantamento no dia a dia pode parecer uma tarefa desafiadora à primeira vista, mas é através da superação desses desafios que se alcança um novo patamar de influência e conexão interpessoal. Este subtema explora os obstáculos práticos que surgem ao tentar encantar as pessoas ao nosso redor e oferece estratégias concretas para superá-los.

O primeiro grande desafio é a autenticidade. Em um mundo saturado por interações superficiais e digitais, ser genuíno torna-se um ato revolucionário. A autenticidade é a espinha dorsal do encantamento, pois sem ela, qualquer tentativa de conexão parece forçada ou manipulativa. Para superar esse obstáculo, é fundamental praticar a auto-reflexão e conhecer profundamente seus próprios valores, paixões e objetivos. Isso não apenas fortalece sua identidade como também transmite confiança e sinceridade nas suas interações.

Desenvolver empatia: A capacidade de se colocar no lugar do outro é crucial para entender suas necessidades e desejos.

Melhorar a comunicação não-verbal: Gestos, expressões faciais e postura podem dizer muito sobre sua abertura e disposição para com os outros.

Cultivar paciência: O processo de encantar alguém não acontece da noite para o dia; requer tempo, atenção e dedicação contínua.

Outro aspecto importante é a habilidade de contar histórias envolventes. Histórias têm o poder de conectar pessoas em um nível emocional profundo, transmitindo mensagens complexas de maneira simples e memorável. Praticar a arte da narrativa permite que você compartilhe experiências pessoais que ressoam com seu público-alvo, criando um vínculo genuíno baseado em emoções compartilhadas.

Por fim, enfrentamos o desafio da consistência. Encantar requer uma aplicação constante dos princípios discutidos anteriormente; não basta ser autêntico, empático ou um bom contador de histórias ocasionalmente. A verdadeira magia acontece quando essas qualidades são demonstradas consistentemente ao longo do tempo, solidificando relações duradouras baseadas na confiança mútua e admiração.

7.2 Melhoria da linguagem corporal através do encantamento

A linguagem corporal é um componente crucial na arte do encantamento, servindo como uma ponte silenciosa que comunica intenções, sentimentos e receptividade sem a necessidade de palavras. A melhoria da linguagem corporal através do encantamento não apenas amplifica a capacidade de influenciar positivamente os outros, mas também fortalece as conexões interpessoais, criando um ambiente de confiança e abertura.

Uma postura aberta e acolhedora é o primeiro passo para melhorar a linguagem corporal. Isso envolve manter os braços desbloqueados e evitar cruzá-los sobre o peito, o que pode ser interpretado como uma barreira psicológica contra a interação. Além disso, inclinar-se ligeiramente em direção à pessoa com quem se está comunicando demonstra interesse e engajamento na conversa.

O contato visual é outro aspecto fundamental. Manter um contato visual firme, mas não intimidador, transmite confiança e sinceridade. É importante equilibrar o contato visual de maneira que seja confortável para ambas as partes, evitando olhares fixos prolongados que podem causar desconforto.

Utilizar sorrisos genuínos: Um sorriso sincero não só desarma tensões como também promove uma atmosfera amigável e acessível.

Movimentos suaves: Gestos bruscos ou rápidos demais podem transmitir nervosismo ou impaciência. Movimentos suaves e controlados são mais convidativos à interação positiva.

Posicionamento dos pés: Os pés apontando em direção ao interlocutor indicam interesse genuíno na conversa, enquanto pés voltados para fora podem sugerir desejo de terminar a interação.

A modulação da voz também desempenha um papel significativo na comunicação não-verbal. Uma voz calma e bem modulada pode acalmar ambientes tensos e transmitir confiança. Por outro lado, uma voz muito alta ou muito baixa pode dificultar a compreensão da mensagem ou mesmo afastar as pessoas.

Em suma, aprimorar a linguagem corporal por meio do encantamento envolve uma série de práticas conscientes destinadas a tornar as interações mais harmoniosas e eficazes. Ao adotar essas estratégias no cotidiano, é possível não apenas melhorar significativamente as habilidades de comunicação interpessoal mas também fomentar relações mais profundas e gratificantes baseadas no respeito mútuo e na compreensão.

7.3 Uso estratégico das palavras para encantar

O uso estratégico das palavras é uma ferramenta poderosa no processo de encantamento, capaz de transformar interações cotidianas em momentos memoráveis e influenciar positivamente a percepção dos outros. Este subtema explora como a escolha cuidadosa de palavras, o tom da voz e o ritmo da fala podem ser utilizados para criar conexões mais profundas e duradouras.

A importância de selecionar as palavras corretas não pode ser subestimada. Palavras têm o poder de evocar emoções, gerar empatia e construir confiança. No contexto do encantamento, elas são usadas não apenas para comunicar uma mensagem clara, mas também para tocar o coração e a mente do interlocutor. A habilidade de articular pensamentos de maneira que ressoe com os valores e desejos do outro é fundamental para estabelecer um vínculo significativo.

Escolha de palavras positivas: Palavras carregadas positivamente tendem a criar uma atmosfera otimista e aberta à colaboração. Elas incentivam uma resposta emocional positiva, facilitando a construção de relações baseadas na boa vontade mútua.

Tonalidade empática: Ajustar o tom da voz para refletir compreensão e empatia pode aumentar significativamente a eficácia da comunicação. Um tom amigável e acolhedor convida ao diálogo aberto, enquanto um tom autoritário pode causar resistência.

Ritmo adaptativo: O ritmo da fala deve ser ajustado conforme o contexto e a receptividade do ouvinte. Uma fala rápida demais pode sobrecarregar, enquanto um ritmo muito lento pode parecer desinteressante. Encontrar um equilíbrio mantém o ouvinte engajado.

Além disso, histórias pessoais e metáforas são recursos valiosos que enriquecem a comunicação, tornando-a mais relatable e memorável. Compartilhar experiências pessoais cria uma ponte emocional com o ouvinte, enquanto metáforas ajudam na visualização de conceitos abstratos, facilitando a compreensão.

Em conclusão, dominar o uso estratégico das palavras no processo de encantamento envolve muito mais do que simplesmente escolher o vocabulário correto; trata-se de entender profundamente seu público-alvo e adaptar sua mensagem para ressoar em um nível emocional profundo. Ao fazer isso com autenticidade e sensibilidade, é possível transformar interações ordinárias em conexões extraordinariamente significativas.

8 Desenvolvendo uma Mentalidade Voltada para Soluções Criativas

8.1 A importância de uma mentalidade criativa no encantamento

A capacidade de encantar e influenciar pessoas é uma arte que vai além da simples comunicação eficaz. No coração dessa habilidade, encontra-se a mentalidade criativa, um componente essencial para quem deseja não apenas comunicar-se, mas também conectar-se de maneira profunda e significativa com os outros. Uma mentalidade voltada para soluções criativas permite abordar situações cotidianas e desafios interpessoais com uma perspectiva inovadora, transformando interações ordinárias em momentos de verdadeiro encantamento.

O desenvolvimento de uma mentalidade criativa no contexto do encantamento envolve a habilidade de ver além do óbvio, explorando possibilidades que escapam à primeira vista. Isso significa estar aberto a novas experiências, ideias e pontos de vista, mesmo que eles desafiem as normas estabelecidas ou o status quo. Ao cultivar essa abertura mental, indivíduos tornam-se capazes de gerar conexões mais autênticas e memoráveis.

Empatia como ferramenta criativa: A capacidade de se colocar no lugar do outro é fundamental para entender suas necessidades e desejos mais profundos. Uma mentalidade criativa utiliza a empatia para desenhar soluções personalizadas que ressoem em um nível emocional.

Inovação na comunicação: Ir além das formas tradicionais de expressão pode abrir portas para novos tipos de diálogo e compreensão mútua. Isso inclui o uso estratégico da linguagem corporal, tom de voz e storytelling para criar mensagens que cativem e inspirem.

Resolução criativa de conflitos: Enxergar conflitos como oportunidades para inovação permite abordá-los com soluções fora do convencional. Essa perspectiva pode transformar situações adversas em momentos propícios para fortalecer relações.

Ao adotar uma mentalidade voltada para soluções criativas no processo de encantamento, abre-se um leque vasto de possibilidades para enriquecer as interações humanas. Não se trata apenas de aplicar técnicas ou seguir passos predeterminados; é sobre cultivar uma postura interna que valoriza a originalidade, flexibilidade e adaptabilidade nas relações

8.2 Técnicas para desenvolver uma mentalidade voltada para soluções criativas

O desenvolvimento de uma mentalidade voltada para soluções criativas é um processo contínuo que exige dedicação e prática. Para cultivar essa habilidade, é essencial adotar técnicas e estratégias específicas que estimulem o pensamento inovador e a capacidade de resolver problemas de maneiras não convencionais. A seguir, exploraremos algumas dessas técnicas detalhadamente.

Brainstorming com Restrições

Uma técnica eficaz para estimular a criatividade é realizar sessões de brainstorming sob restrições específicas. Isso pode parecer contraintuitivo, mas limitações podem forçar o pensamento fora da caixa, levando à geração de ideias mais originais. Por exemplo, definir um limite de tempo ou restringir as soluções a recursos disponíveis pode incentivar abordagens mais inovadoras.

Inversão do Problema

Outra técnica poderosa é a inversão do problema, que envolve olhar para uma situação desafiadora de uma perspectiva completamente diferente.

Em vez de perguntar "Como posso resolver este problema?", questione "O que causaria o oposto do resultado desejado?". Essa abordagem pode revelar insights valiosos sobre como abordar o problema original de maneira criativa.

Analogias e Metáforas

Utilizar analogias e metáforas é uma forma eficiente de conectar ideias aparentemente desconexas, facilitando a identificação de soluções inovadoras. Ao comparar um problema com algo aparentemente não relacionado, podemos descobrir novas formas de pensar sobre ele e encontrar soluções surpreendentes.

Mind Mapping: O mapeamento mental ajuda na organização do pensamento e na visualização das conexões entre diferentes ideias. Esta técnica pode ser particularmente útil na fase inicial do processo criativo, ajudando a expandir o pensamento e explorar várias direções possíveis.

Pensamento Lateral: Praticar o pensamento lateral incentiva a olhar os problemas sob novos ângulos, evitando as abordagens lineares tradicionais. Isso envolve fazer perguntas incomuns e considerar cenários improváveis como potenciais soluções.

Experimentação:A disposição para experimentar e falhar é crucial.

8.3 Aplicação prática de uma mentalidade criativa

A aplicação prática de uma mentalidade criativa transcende a teoria e se enraíza profundamente nas atividades do dia a dia, tanto no ambiente profissional quanto no pessoal. Compreender como implementar essa mentalidade em situações reais é crucial para transformar desafios em oportunidades inovadoras. Este segmento explora maneiras efetivas de aplicar técnicas criativas na resolução de problemas e na geração de soluções inovadoras.

O primeiro passo para aplicar uma mentalidade criativa na prática é reconhecer que cada problema ou desafio apresenta uma oportunidade para pensar diferente. Isso significa abordar tarefas rotineiras com um novo olhar, questionando processos estabelecidos e buscando alternativas que possam otimizar resultados. Por exemplo, ao enfrentar um gargalo operacional, em vez de seguir o procedimento padrão, pode-se utilizar o brainstorming com restrições para estimular ideias que contornem as limitações existentes.

Na esfera da inovação de produtos ou serviços, a inversão do problema revela-se uma técnica poderosa. Empresas podem se perguntar como poderiam fazer seus produtos falharem deliberadamente.

Essa abordagem paradoxal muitas vezes ilumina aspectos negligenciados que, quando invertidos novamente, conduzem a melhorias significativas ou a criação de novos nichos de mercado.

Implementação da analogia: Ao desenvolver estratégias de marketing digital, por exemplo, comparar o percurso do cliente a uma jornada épica pode inspirar narrativas publicitárias mais envolventes e memoráveis.

Mind Mapping em equipe: Utilizar mapeamento mental coletivo para planejar projetos permite visualizar conexões entre diferentes áreas e identificar sinergias potenciais ou obstáculos não evidentes à primeira vista.

Pensamento lateral em design: Designers podem adotar essa técnica para repensar embalagens de produtos, transformando-as não apenas em recipientes mas também em parte da experiência do usuário ou até mesmo em objetos com segunda vida útil.

Experimentação constante: Startups tecnológicas frequentemente adotam ciclos rápidos de prototipagem e feedback do usuário para iterar sobre produtos digitais, incorporando falhas como aprendizados essenciais no processo evolutivo do produto.

A adoção dessas práticas não só fomenta um ambiente onde a criatividade floresce mas também prepara indivíduos e organizações para responderem com agilidade e inovação frente às mudanças constantes do mercado. Portanto, cultivar uma mentalidade voltada para soluções criativas através da sua aplicação prática é fundamental para quem busca não apenas sobreviver mas prosperar na era da informação.

9 Encantamento e Psicologia Social

9.1 O papel da psicologia social no encantamento

A psicologia social desempenha um papel fundamental no processo de encantamento, atuando como uma ponte entre o entendimento individual e a dinâmica interpessoal que define as relações humanas. Este campo de estudo oferece insights valiosos sobre como nossas percepções, atitudes e comportamentos são influenciados pelo contexto social em que estamos inseridos. Ao compreender esses mecanismos, podemos aprimorar nossa capacidade de nos conectar com os outros de maneira mais profunda e significativa.

Um dos conceitos centrais da psicologia social aplicado ao encantamento é o da *influência social*.

Esta se refere à maneira como as opiniões, as emoções ou os comportamentos das pessoas são afetados pela presença real ou imaginada dos outros.

No contexto do encantamento, entender como a influência social opera pode ajudar indivíduos e organizações a moldar suas mensagens de forma mais persuasiva, aumentando assim sua capacidade de atrair e engajar seu público-alvo.

Outro aspecto relevante é o estudo das **emoções coletivas**, que explora como sentimentos podem ser compartilhados e amplificados em grupos. Isso tem implicações diretas para o encantamento, pois sugere que criar experiências emocionalmente ressonantes pode facilitar conexões mais fortes entre as pessoas. Por exemplo, eventos ou campanhas que evocam emoções positivas compartilhadas tendem a ser mais memoráveis e capazes de unir indivíduos em torno de uma causa comum ou identidade de marca.

A importância da autenticidade na construção de relações genuínas

O papel da empatia na compreensão e atendimento às necessidades dos outros

Técnicas para aumentar o carisma pessoal através do entendimento das dinâmicas sociais

Além disso, a psicologia social enfatiza a importância do autoconhecimento no processo de encantamento. Compreender nossas próprias motivações, pontos fortes e limitações permite-nos apresentar-nos aos outros de maneira autêntica e confiante. Isso não apenas melhora nossa interação social mas também nos torna mais atrativos aos olhos dos demais.

Em suma ao integrar princípios da psicologia social nas estratégias de encantamento é

9.2 Estudos de caso sobre psicologia social e atração humana

A compreensão da atração humana através da lente da psicologia social oferece insights profundos sobre como as relações interpessoais se formam e evoluem. Este segmento explora estudos de caso específicos que ilustram os mecanismos psicológicos e sociais subjacentes à atração entre indivíduos, destacando o papel crucial das emoções, percepções e influências sociais no processo de encantamento.

Um estudo de caso notável envolve a análise do "efeito da proximidade" na formação de relacionamentos. Pesquisas demonstraram que simplesmente estar fisicamente próximo a alguém aumenta significativamente as chances de formação de laços afetivos.

56

Isso é atribuído não apenas à conveniência mas também à repetida exposição, que tende a aumentar a familiaridade e, por consequência, a afeição. Tal fenômeno sugere que nossas redes sociais e ambientes cotidianos desempenham um papel fundamental na determinação com quem nos conectamos emocionalmente.

Outro estudo relevante examina o conceito de "similaridade" como um fator crítico na atração humana. Pessoas tendem a ser mais atraídas por outras com interesses, valores e atitudes semelhantes. Esse alinhamento promove uma sensação de entendimento mútuo e compartilhamento de experiências, facilitando conexões mais profundas e duradouras. A similaridade em aspectos fundamentais como crenças políticas ou religiosas pode ser particularmente potente para prever compatibilidade entre parceiros potenciais.

O impacto das primeiras impressões na percepção da atratividade

A influência das mídias sociais nas expectativas e realidades relacionais

O papel dos eventos emocionais compartilhados no fortalecimento dos laços humanos

Além disso, estudos sobre o "efeito halo", onde uma única qualidade positiva (como aparência física) pode fazer com que outros atributos sejam percebidos de maneira mais favorável, revelam como julgamentos superficiais podem influenciar nossa percepção global sobre alguém. Essa tendência destaca o poder das primeiras impressões na formação da atratividade percebida e sugere estratégias para melhorar relações interpessoais através do autoapresentação cuidadosa.

Em resumo, ao explorar esses estudos de caso dentro do contexto da psicologia social, torna-se evidente que uma variedade de fatores contribui para o processo complexo da atração humana. Compreender esses elementos não apenas enriquece nosso conhecimento sobre as dinâmicas sociais mas também oferece caminhos práticos para cultivar relações mais significativas e gratificantes

9.3 Aplicação dos conceitos de psicologia social no dia a dia

A psicologia social, com seu vasto leque de conceitos e teorias, encontra aplicação prática em diversos aspectos do cotidiano, influenciando desde as decisões pessoais até as interações mais complexas entre grupos sociais.

Compreender esses conceitos não apenas nos ajuda a navegar melhor no mundo social mas também oferece ferramentas para melhorar nossas relações interpessoais e promover ambientes mais harmoniosos.

Um exemplo claro da aplicação desses conceitos é na comunicação efetiva. A teoria da dissonância cognitiva, que explica como buscamos consistência entre nossas crenças e comportamentos, pode ser utilizada para resolver conflitos interpessoais. Ao reconhecer as inconsistências nas percepções ou atitudes de alguém, podemos abordar o diálogo de maneira que encoraje a reflexão e a mudança sem provocar resistência defensiva.

Na esfera profissional, o entendimento das dinâmicas de grupo e liderança é crucial. Conceitos como conformidade, influência social e papéis dentro de um grupo ajudam líderes a fomentar uma cultura organizacional positiva e produtiva. Por exemplo, ao compreender o fenômeno do "pensamento de grupo", líderes podem incentivar a diversidade de opiniões para evitar decisões unilaterais que possam prejudicar o desempenho da equipe ou da organização.

> Utilização da persuasão para promover saúde pública
> Aplicação da teoria do contato no combate ao preconceito
> Estratégias baseadas na atribuição causal para melhorar o autoconceito

Além disso, os princípios da psicologia social são amplamente utilizados em campanhas de marketing e publicidade. A compreensão do comportamento do consumidor através das lentes sociais permite às empresas criar estratégias que não apenas atendem às necessidades dos clientes mas também cultivam uma imagem positiva da marca na mente coletiva. Isso inclui técnicas de persuasão ética que respeitam a autonomia do consumidor enquanto destacam os benefícios dos produtos ou serviços oferecidos.

Em suma, os conceitos da psicologia social permeiam nossa vida diária, oferecendo insights valiosos sobre como pensamos, sentimos e nos comportamos em contextos sociais. Seja na melhoria das relações pessoais ou na construção de comunidades mais coesas e inclusivas, aplicar esses princípios pode levar a resultados significativamente positivos tanto para indivíduos quanto para sociedades.

10 Ampliando sua Influência Positiva no Mundo

10.1 Como o encantamento pode ampliar sua influência

A capacidade de encantar e influenciar pessoas é uma arte que, quando dominada, pode transformar completamente a maneira como interagimos com o mundo ao nosso redor. No contexto deste capítulo, exploraremos como o encantamento pode ser uma ferramenta poderosa para ampliar nossa influência, tanto no âmbito pessoal quanto profissional. A essência do encantamento reside na habilidade de criar conexões profundas e significativas, gerando um impacto positivo duradouro nas pessoas com quem interagimos.

O primeiro passo para ampliar sua influência através do encantamento é desenvolver autenticidade em suas interações. Ser genuíno e transparente constrói a confiança, um componente crucial para estabelecer relações fortes. Além disso, a empatia desempenha um papel fundamental; colocar-se no lugar dos outros permite compreender suas necessidades e desejos, facilitando a criação de uma conexão emocional.

Outro aspecto importante é o desenvolvimento do carisma pessoal. Carisma não é algo inato; ele pode ser cultivado através da prática consciente de habilidades sociais como a escuta ativa, expressão facial positiva e linguagem corporal aberta. Estes comportamentos não apenas melhoram nossa capacidade de nos conectarmos com os outros mas também aumentam nossa atratividade social e profissional.

Autenticidade: Ser verdadeiro em todas as suas interações fortalece as relações.

Empatia: Entender as emoções e perspectivas alheias enriquece a comunicação.

Carisma: Através da prática de habilidades sociais positivas, podemos nos tornar mais magnéticos.

Além disso, o encantamento envolve a utilização estratégica da persuasão ética. Isso significa influenciar os outros de maneira que respeite sua liberdade de escolha enquanto os guia suavemente em direção à visão ou ideia que estamos apresentando. A chave aqui é equilibrar assertividade com sensibilidade às necessidades dos outros, criando propostas que sejam mutuamente benéficas.

Por fim, aplicar os princípios do encantamento no ambiente corporativo pode levar à criação de uma cultura organizacional positiva e produtiva.

10.2 Estratégias para enriquecer suas relações interpessoais

Aprofundando-se na arte de cultivar relações interpessoais ricas e significativas, é essencial reconhecer que a qualidade dos nossos relacionamentos pode ser diretamente influenciada por estratégias intencionais. Estas estratégias não apenas fortalecem os laços existentes mas também abrem portas para novas conexões, enriquecendo nossa vida pessoal e profissional.

O primeiro passo nesse processo envolve o cultivo da presença. Estar verdadeiramente presente nas interações, dando atenção plena ao outro, transmite respeito e valorização, criando um terreno fértil para o desenvolvimento de relações profundas. A presença vai além da mera coexistência física; ela exige uma imersão total no momento, com foco e sensibilidade às nuances da comunicação.

Além disso, a prática da escuta ativa se destaca como uma ferramenta poderosa. Escutar ativamente significa ouvir mais do que apenas as palavras; trata-se de perceber os sentimentos e pensamentos subjacentes do interlocutor. Isso não só melhora a compreensão mútua mas também demonstra empatia e interesse genuíno, elementos cruciais para qualquer relação saudável.

Presença: Dedique sua atenção integral durante as interações.

Escuta Ativa: Ouça com empatia, buscando entender verdadeiramente o ponto de vista alheio.

Feedback Positivo: Ofereça feedback construtivo e positivo regularmente.

A oferta de feedback positivo constitui outra estratégia vital. Feedbacks construtivos e encorajadores não apenas motivam mas também fortalecem a confiança entre as partes. É importante equilibrar críticas com reconhecimento das qualidades e sucessos do outro, promovendo um ambiente onde todos se sintam valorizados e apoiados.

Por fim, a vulnerabilidade compartilhada emerge como um elemento transformador nas relações interpessoais. Permitir-se ser vulnerável diante dos outros pode parecer desafiador inicialmente; contudo, essa abertura cria uma atmosfera de confiança mútua e autenticidade.

Revelar nossas próprias incertezas ou falhas humaniza-nos aos olhos dos outros, incentivando-os a fazer o mesmo e estabelecendo uma conexão emocional profunda baseada na sinceridade.

Implementando estas estratégias conscientemente em nossas interações diárias, podemos não apenas enriquecer nossas relações interpessoais mas também ampliar nossa influência positiva no mundo ao nosso redor. Cada relação nutrida cuidadosamente reflete nosso compromisso com um mundo mais conectado e empático.

10.3 Exercícios práticos para ampliar sua influência

A capacidade de exercer uma influência positiva no mundo ao nosso redor é uma habilidade que pode ser desenvolvida e aprimorada com práticas intencionais. Após entendermos a importância das estratégias para enriquecer relações interpessoais, é crucial colocar em prática exercícios que nos permitam expandir nossa influência de maneira efetiva e autêntica. Estes exercícios não só reforçam as habilidades sociais como também promovem um impacto mais significativo nas nossas redes de contato.

O primeiro exercício envolve o **mapeamento da rede de contatos**.

Consiste em identificar pessoas dentro do seu círculo social e profissional com quem você gostaria de estreitar laços ou cuja influência você admira e deseja aprender. Este mapeamento ajuda a visualizar onde estão suas oportunidades de crescimento e quais relações precisam ser nutridas.

Identificação dos principais influenciadores em sua rede.
Análise das áreas onde deseja expandir sua influência.
Definição de estratégias para aproximar-se desses indivíduos.

O segundo exercício foca na **prática da gratidão**. Enviar mensagens ou notas expressando gratidão às pessoas que impactaram positivamente sua vida contribui para fortalecer essas conexões. A gratidão não apenas melhora os relacionamentos existentes mas também abre portas para novas oportunidades, pois cria um ambiente positivo ao seu redor.

Elaboração de mensagens personalizadas expressando apreço.
Criação de um hábito diário ou semanal para praticar a gratidão.

O terceiro exercício é o **desenvolvimento da escuta ativa**. Propõe-se dedicar um tempo durante as conversas para realmente ouvir o que os outros têm a dizer, sem interrupções ou preparação antecipada de respostas. Isso demonstra respeito pelo ponto de vista alheio e promove uma compreensão mais profunda das necessidades e desejos dos outros, ampliando sua capacidade de influenciar positivamente.

Foco total no interlocutor durante as conversas.

Estratégias para evitar distrações e garantir uma comunicação eficaz.

A implementação destes exercícios na rotina diária não apenas enriquece as relações interpessoais mas também potencializa nossa habilidade de causar um impacto positivo no mundo. Ao investir tempo e esforço nessas práticas, cultivamos um terreno fértil para o desenvolvimento pessoal e profissional, além de contribuir para uma sociedade mais conectada e empática.

11 Conclusão - Embarcando numa Jornada Fascinante pelo Universo do Encantamento

11.1 Recapitulação dos Conceitos-Chave do Livro

A jornada pelo universo do encantamento, conforme delineada neste livro, começa com a compreensão de que o encantamento é uma força poderosa capaz de transformar interações cotidianas em conexões profundas e significativas. Este conceito não se limita apenas à capacidade de influenciar os outros, mas estende-se ao desenvolvimento de uma presença autêntica e magnética que atrai as pessoas naturalmente.

O primeiro conceito-chave abordado é a **autenticidade**. Ser genuíno em todas as interações não só estabelece uma base sólida para relações duradouras, mas também promove um ambiente de confiança mútua. A autenticidade é vista como o alicerce sobre o qual todos os outros aspectos do encantamento são construídos.

Em seguida, a obra destaca a importância da **empatia**. Compreender e compartilhar os sentimentos dos outros permite criar uma conexão emocional profunda, essencial para o processo de encantamento. A empatia vai além da simples simpatia; trata-se de se colocar no lugar do outro e agir com consideração por suas experiências e emoções.

68

O **carisma pessoal** é outro pilar central discutido. O livro desvenda técnicas práticas para aumentar o carisma, incluindo melhorias na linguagem corporal, uso estratégico das palavras e desenvolvimento de uma mentalidade voltada para soluções criativas. O carisma não é visto como um traço inato, mas como uma habilidade que pode ser cultivada com prática e intenção.

A importância do autoconhecimento e do desenvolvimento pessoal como meios para se tornar mais atrativo(a) e influente.

Técnicas para melhorar a comunicação interna em ambientes corporativos e métodos para encantar clientes e parceiros comerciais.

Exercícios reflexivos e práticos que incentivam a aplicação dos conceitos discutidos no dia a dia.

Por fim, "Encantamento: Desvendando os Segredos da Atração" reforça que o verdadeiro poder do encantamento reside na sua capacidade de inspirar mudanças positivas.

11.2 Como aplicar os conceitos de encantamento em sua vida

A aplicação dos conceitos de encantamento na vida diária pode transformar completamente a maneira como interagimos com o mundo ao nosso redor, promovendo relações mais profundas e significativas. Para incorporar esses princípios, é fundamental começar com uma introspecção sincera, reconhecendo e valorizando nossa autenticidade. Isso significa agir de acordo com nossos valores e crenças, mesmo quando ninguém está observando.

Em seguida, a prática da empatia se mostra como um passo crucial para o encantamento. Isso envolve ouvir ativamente as pessoas ao nosso redor, buscando entender suas perspectivas e sentimentos sem julgamentos precipitados. A empatia nos permite criar conexões emocionais fortes, que são a base para qualquer relação encantadora.

O desenvolvimento do carisma pessoal também é essencial nesse processo. Isso não significa mudar quem somos para agradar aos outros, mas sim realçar nossas melhores características de forma genuína.

Pequenas mudanças na linguagem corporal, como manter contato visual e sorrir mais frequentemente, podem ter um impacto significativo na forma como os outros nos percebem.

Praticar a gratidão diariamente, reconhecendo as coisas boas em nossa vida e nas pessoas que nos cercam.

Desenvolver uma mentalidade positiva, focando nas soluções em vez dos problemas.

Investir tempo em conhecer-se melhor através da reflexão e meditação.

Ao adotarmos esses comportamentos no dia a dia, não só enriquecemos nossas próprias vidas mas também exercemos uma influência positiva sobre as pessoas ao nosso redor. O encantamento se torna então uma via de mão dupla: enquanto encantamos os outros com nossa presença autêntica e empática, somos igualmente encantados pelas riquezas das relações humanas verdadeiras. Assim, aplicar os conceitos de encantamento em nossa vida é um caminho gratificante que leva ao crescimento pessoal contínuo e à construção de um legado de influência positiva no mundo.

11.3 Desafios finais para o leitor

A jornada pelo universo do encantamento não termina com a simples compreensão dos conceitos; ela se estende à aplicação prática desses princípios em nossa vida diária. Este capítulo final desafia você, leitor, a transcender a teoria e mergulhar na prática, transformando cada interação em uma oportunidade de encantar e ser encantado. Aqui estão alguns desafios finais projetados para ajudá-lo a incorporar o encantamento no seu cotidiano.

Comprometa-se com um ato de bondade aleatório diariamente. Seja segurando a porta para alguém, elogiando um colega de trabalho ou ajudando um estranho, pequenos gestos podem ter grandes impactos.

Implemente uma rotina matinal que inclua gratidão e reflexão. Antes mesmo de começar o dia, dedique um momento para pensar nas coisas pelas quais você é grato e defina intenções positivas para o dia.

Desenvolva sua escuta ativa. Em cada conversa, esforce-se verdadeiramente para ouvir e entender o ponto de vista da outra pessoa sem interrupções ou julgamentos precipitados.

Crie conexões significativas fazendo perguntas abertas que incentivem os outros a compartilhar suas histórias e experiências. Isso não apenas fortalece as relações mas também amplia sua perspectiva sobre o mundo.

Pratique a autenticidade conscientemente. Em um mundo onde as máscaras sociais são comuns, seja corajoso ao mostrar sua verdadeira essência, respeitando seus valores e crenças pessoais.

Ao enfrentar esses desafios, você não só enriquecerá sua própria vida mas também se tornará uma fonte de inspiração para aqueles ao seu redor. O encantamento é contagioso; ao adotá-lo como filosofia de vida, você inicia uma onda de positividade que pode transformar comunidades inteiras. Lembre-se: cada pequeno gesto conta e pode ser o início de uma mudança maior do que você imagina. Encare esses desafios como oportunidades para crescer, aprender e, acima de tudo, espalhar magia por onde passar.

12 A Importância da Comunicação Não-Verbal

12.1 Linguagem corporal e sua influência nas interações humanas

A linguagem corporal, um dos pilares fundamentais da comunicação não-verbal, desempenha um papel crucial nas interações humanas. Este aspecto da comunicação vai além das palavras faladas, transmitindo sentimentos, intenções e reações de maneira sutil, porém poderosa. A capacidade de interpretar e utilizar eficazmente a linguagem corporal pode significativamente melhorar a qualidade das nossas relações pessoais e profissionais.

Um dos primeiros pontos a serem considerados é o contato visual. Este é um componente chave na construção da confiança e do engajamento entre as pessoas. Um olhar direto nos olhos do interlocutor pode transmitir sinceridade, enquanto evitar o contato visual pode ser interpretado como desinteresse ou desconforto. No entanto, é importante notar que as normas culturais influenciam significativamente a percepção do contato visual adequado.

A postura também comunica muito sobre nossos estados internos e intenções.

74

Uma postura aberta e relaxada sugere acessibilidade e confiança, enquanto uma postura fechada ou tensa pode indicar defensividade ou ansiedade.

Gestos com as mãos podem enfatizar pontos durante uma conversa ou revelar nervosismo quando em excesso.

A proximidade física entre os interlocutores indica o nível de conforto e intimidade na relação; distâncias maiores podem sugerir formalidade ou desconforto.

Além disso, expressões faciais são componentes essenciais da linguagem corporal que transmitem emoções de forma imediata e muitas vezes involuntária. Um sorriso genuíno pode criar uma atmosfera positiva, enquanto franzir o cenho pode indicar desaprovação ou confusão.

O domínio da linguagem corporal não se limita apenas à capacidade de ler os sinais dos outros; envolve também a consciência sobre os sinais que nós mesmos emitimos. Desenvolver essa habilidade permite-nos ajustar nossa própria comunicação não-verbal para torná-la mais eficaz em diferentes contextos sociais e profissionais. Por exemplo, ao apresentar em público, uma postura confiante e gestos controlados podem aumentar significativamente a credibilidade do orador.

12.2 Expressões faciais e gestos que transmitem confiança e empatia

A comunicação não-verbal, especialmente através de expressões faciais e gestos, desempenha um papel fundamental na transmissão de confiança e empatia nas interações humanas. Esses sinais não-verbais têm o poder de complementar, contradizer ou reforçar a mensagem verbal, influenciando profundamente a percepção do receptor sobre o emissor.

Expressões faciais genuínas são cruciais para demonstrar empatia e construir confiança. Um sorriso sincero, por exemplo, pode desarmar tensões e criar uma atmosfera amigável, facilitando a abertura no diálogo. Por outro lado, manter uma expressão neutra ou positiva ao ouvir atentamente alguém falar transmite respeito pelo ponto de vista do outro, além de interesse genuíno pela conversa.

Gestos também são componentes vitais na comunicação de confiança e empatia. A inclinação da cabeça para o lado enquanto se escuta indica atenção e consideração pelo interlocutor. Gestos abertos com as mãos podem sinalizar honestidade e disposição para compartilhar ideias livremente. Em contrapartida, cruzar os braços pode ser interpretado como um sinal de resistência ou defensiva.

Movimentos suaves com as mãos ao explicar um ponto complexo podem ajudar a esclarecer a mensagem e demonstram controle da situação.

O contato visual mantido de maneira equilibrada transmite segurança; olhar nos olhos do interlocutor sem fixação excessiva mostra respeito pela sua presença.

Assentir com a cabeça enquanto outra pessoa fala é um gesto universal de concordância que também pode incentivar o interlocutor a continuar compartilhando suas ideias.

Além disso, adaptar nossa linguagem corporal às necessidades emocionais do momento pode intensificar a conexão humana. Por exemplo, diminuir ligeiramente o tom de voz ao discutir temas sensíveis pode transmitir compreensão e solidariedade. Da mesma forma, espelhar discretamente os gestos ou postura do interlocutor pode criar uma sensação subconsciente de afinidade e entendimento mútuo.

Em suma, dominar as nuances das expressões faciais e dos gestos permite não apenas comunicar efetivamente nossas próprias emoções mas também responder às necessidades emocionais dos outros com sensibilidade.

Isso enriquece as relações interpessoais, promovendo ambientes mais cooperativos tanto no âmbito pessoal quanto profissional.

12.3 Exercícios práticos para aprimorar a comunicação não-verbal

 LEONARD CURTIS

A comunicação não-verbal é uma ferramenta poderosa na construção de relações interpessoais sólidas, seja no ambiente profissional ou pessoal. Aprimorá-la significa desenvolver uma habilidade essencial para transmitir confiança e empatia, elementos cruciais mencionados anteriormente. A seguir, são apresentados exercícios práticos destinados a melhorar sua capacidade de comunicar-se sem palavras.

Observação consciente: Dedique um tempo para observar as interações ao seu redor, seja em um café, no trabalho ou durante reuniões familiares. Tente interpretar o que as posturas corporais, expressões faciais e gestos dizem sobre o estado emocional das pessoas envolvidas. Isso aumentará sua sensibilidade às nuances da comunicação não-verbal.

78

Prática do espelho: Diante de um espelho, pratique diferentes expressões faciais e observe como elas podem alterar a percepção de suas emoções. Experimente transmitir felicidade, surpresa, tristeza ou preocupação apenas com o rosto. Isso ajudará a entender como suas expressões podem ser percebidas pelos outros.

Simulação de diálogos: Em parceria com um amigo ou colega, simule conversas em que vocês devem expressar determinadas emoções ou atitudes apenas por meio da linguagem corporal e das expressões faciais. Após cada simulação, discutam sobre as percepções mútuas para identificar pontos de melhoria.

Análise de vídeos: Assista a vídeos de palestras, entrevistas ou filmes com o som desligado e tente captar a essência da comunicação entre os personagens ou oradores apenas pela linguagem corporal e facial. Depois, assista novamente com o som ligado para verificar se sua interpretação estava correta.

Treinamento do contato visual: Pratique manter um contato visual equilibrado durante conversas com amigos ou colegas. Note como isso pode influenciar na conexão estabelecida entre vocês e na transmissão de confiança.

Ao incorporar esses exercícios na sua rotina diária, você começará a notar uma melhora significativa na forma como se comunica não-verbalmente. Lembre-se: a prática leva à perfeição. Portanto, quanto mais dedicado for ao treinamento dessas habilidades, mais natural será sua aplicação nas interações cotidianas.

13 O Poder das Palavras na Persuasão

13.1 Como escolher as palavras certas para transmitir confiança e credibilidade

A habilidade de escolher as palavras certas é fundamental para estabelecer uma comunicação eficaz, capaz de transmitir confiança e credibilidade. Este aspecto da persuasão não se limita apenas ao que dizemos, mas também a como dizemos. A seleção cuidadosa das palavras pode influenciar significativamente a percepção do receptor sobre a mensagem e o emissor.

Para começar, é essencial entender o público-alvo. As palavras que ressoam com um grupo podem não ter o mesmo impacto em outro. Portanto, adaptar a linguagem ao contexto e à audiência é um passo crucial. Isso envolve não apenas a escolha do vocabulário, mas também o tom da mensagem.

80

Clareza: Evite jargões ou termos técnicos desnecessários que possam confundir o receptor. A simplicidade na comunicação promove uma compreensão mais fácil e direta.

Precisão: Seja específico nas informações que deseja transmitir. Palavras vagas ou ambíguas podem diminuir a credibilidade da mensagem.

Positividade: Palavras positivas tendem a criar uma conexão emocional mais forte com o receptor. Mesmo ao abordar temas desafiadores, procure enfatizar soluções e perspectivas positivas.

Empatia: Usar uma linguagem que demonstre compreensão e consideração pelas necessidades ou sentimentos do interlocutor pode fortalecer laços de confiança.

Ao lado da escolha das palavras, a congruência entre o discurso verbal e não-verbal é indispensável para transmitir autenticidade. Gestos, expressões faciais e postura devem estar alinhados com as palavras utilizadas para evitar mensagens contraditórias que possam minar a credibilidade do comunicador.

Exemplos práticos incluem líderes empresariais que comunicam mudanças organizacionais importantes utilizando uma linguagem clara, direta e empática para garantir aos colaboradores compreensão total dos processos, minimizando incertezas e resistências.

Da mesma forma, profissionais de vendas bem-sucedidos são aqueles capazes de adaptar seu discurso.

13.2 Técnicas de persuasão verbal para influenciar positivamente as pessoas

A arte da persuasão verbal é uma ferramenta poderosa na comunicação humana, capaz de influenciar opiniões, comportamentos e decisões. Para exercer uma influência positiva sobre os outros, diversas técnicas podem ser empregadas, visando não apenas a transmissão de uma mensagem, mas também a construção de relações sólidas e confiáveis.

Uma das técnicas mais eficazes é a utilização da **linguagem positiva**. Palavras carregam peso emocional e podem moldar a percepção do interlocutor sobre o assunto discutido. Ao substituir termos negativos por expressões positivas, cria-se um ambiente mais receptivo e encorajador para o diálogo. Por exemplo, em vez de dizer "isso não vai funcionar porque...", pode-se optar por "uma alternativa interessante seria...". Essa abordagem não apenas suaviza a rejeição mas também abre espaço para soluções criativas.

O uso da **empatia** na comunicação é outra técnica fundamental. Demonstrar compreensão pelas necessidades e sentimentos do outro estabelece uma conexão emocional profunda, essencial para ganhar confiança e abrir caminhos para a persuasão. Isso envolve ouvir ativamente, validar as preocupações do interlocutor e refletir sobre suas palavras antes de responder.

Reforço Positivo: Elogios sinceros e reconhecimento das qualidades ou esforços do interlocutor fortalecem laços e incentivam comportamentos desejados.

Perguntas Abertas: Questões que promovem reflexão estimulam o pensamento crítico e facilitam o engajamento na conversa, permitindo que as pessoas cheguem às conclusões desejadas por conta própria.

Histórias Pessoais: Compartilhar experiências pessoais relevantes pode tornar a mensagem mais relatable e memorável, além de demonstrar vulnerabilidade e autenticidade.

A congruência entre discurso verbal e linguagem corporal também é crucial para transmitir sinceridade. Inconsistências entre o que se diz e como se diz podem gerar desconfiança. Portanto, manter contato visual, postura aberta e gestos congruentes com as palavras reforça a mensagem transmitida.

No contexto profissional ou pessoal, adaptar o discurso ao público-alvo é essencial para garantir que a mensagem seja recebida da maneira pretendida. Isso significa entender as motivações, valores e crenças do interlocutor para personalizar a abordagem comunicativa. Líderes eficazes são mestres nessa adaptação, conseguindo inspirar equipes ao alinhar seus discursos aos objetivos comuns do grupo

13.3 Exercícios práticos para desenvolver habilidades de persuasão verbal

A capacidade de persuadir verbalmente é uma competência valiosa tanto no âmbito profissional quanto pessoal. Desenvolver essa habilidade envolve prática e dedicação, utilizando técnicas específicas que podem ser aprimoradas por meio de exercícios direcionados. Estes exercícios não apenas reforçam o uso eficaz da linguagem e da empatia mas também ajudam a construir confiança na própria capacidade de influenciar positivamente os outros.

Um dos primeiros passos é praticar a **escuta ativa.**

Isso pode ser feito solicitando a um amigo ou colega que compartilhe uma história ou opinião, enquanto você se concentra totalmente em entender e absorver o que está sendo dito, sem interromper ou planejar sua resposta imediatamente. Após a conclusão, repita o que entendeu para confirmar sua compreensão. Esse exercício ajuda a desenvolver empatia e mostra ao interlocutor que suas palavras são valorizadas.

Praticar reenquadramento positivo: Tente transformar situações ou desafios negativos em oportunidades, reformulando-os com uma perspectiva positiva. Por exemplo, se alguém expressa preocupação com um problema no trabalho, discuta maneiras pelas quais esse problema pode ser visto como uma chance para inovação ou aprendizado.

Utilizar histórias pessoais: Exercite contar histórias relevantes de sua vida que ilustrem pontos-chave durante uma conversa persuasiva. Isso torna sua mensagem mais relatable e memorável, além de demonstrar vulnerabilidade e autenticidade.

Simulações de cenários: Pratique discursos ou argumentos persuasivos em diferentes contextos (como vendas, negociações ou discussões cotidianas) com amigos ou colegas dispostos a fornecer feedback construtivo. Isso permite ajustar tanto o conteúdo quanto a entrega da mensagem conforme necessário.

A congruência entre discurso verbal e linguagem corporal também deve ser um foco nos exercícios práticos. Gravar-se durante essas simulações pode revelar incongruências involuntárias entre o que é dito e os sinais não verbais transmitidos, permitindo refinamentos na forma como a mensagem é apresentada.

Por fim, adaptar o estilo de comunicação ao público-alvo é crucial para maximizar o impacto da persuasão verbal. Pratique moldar suas mensagens considerando as motivações, valores e crenças do seu interlocutor. Isso pode ser feito através da análise de feedback recebido após simulações de conversas ou apresentações para diferentes tipos de público.

Através destes exercícios práticos contínuos, as habilidades de persuasão verbal podem
ser significativamente melhoradas, aumentando assim a eficácia na comunicação interpessoal

14 A Arte da Negociação Eficaz

14.1 Estratégias para criar um ambiente de negociação colaborativo e produtivo

A criação de um ambiente de negociação colaborativo e produtivo é fundamental para o sucesso em qualquer contexto, seja ele pessoal ou profissional. Este subtema explora estratégias essenciais que facilitam a construção de uma base sólida para negociações eficazes, destacando a importância da comunicação, do respeito mútuo e da busca por soluções ganha-ganha.

Uma das primeiras estratégias envolve o estabelecimento de uma comunicação clara e aberta. Isso significa não apenas falar mas também saber ouvir ativamente. Ouvir ativamente envolve prestar atenção total ao interlocutor, sem interrupções, demonstrando interesse genuíno pelo que está sendo dito. Essa prática ajuda a identificar os interesses subjacentes das partes envolvidas e facilita a busca por pontos em comum.

Desenvolvimento de empatia: Compreender as necessidades e preocupações dos outros participantes na negociação.

Estabelecimento de confiança: Construir uma relação baseada no respeito mútuo e na integridade.

Foco em soluções criativas: Incentivar ideias inovadoras que possam satisfazer os interesses de todas as partes.

Outro aspecto crucial é a preparação prévia. Antes de entrar numa negociação, é importante ter um conhecimento profundo sobre o assunto em discussão, bem como sobre os participantes envolvidos. Isso inclui entender suas motivações, limitações e o contexto no qual estão inseridos. Uma preparação adequada permite antecipar possíveis objeções e elaborar argumentos convincentes que estejam alinhados aos interesses da outra parte.

A flexibilidade também desempenha um papel importante nas negociações colaborativas. Isso significa estar aberto a ajustar suas posições e considerar alternativas que possam levar a um acordo mutuamente benéfico. A rigidez pode ser um obstáculo significativo para alcançar soluções criativas; portanto, manter uma postura adaptável pode abrir novas possibliliades para ambas as partes.

14.2 Técnicas de negociação baseadas em princípios éticos e ganha-ganha

A negociação baseada em princípios éticos e na filosofia ganha-ganha é uma abordagem que transcende a mera obtenção de vantagens imediatas, focando no estabelecimento de relações duradouras e mutuamente benéficas entre as partes. Esta técnica enfatiza a importância da integridade, transparência e respeito mútuo como pilares fundamentais para o sucesso nas negociações.

Uma das principais estratégias dentro desta abordagem é a prática da escuta ativa. Isso não apenas demonstra respeito pelo interlocutor mas também permite compreender profundamente suas necessidades, expectativas e limitações. Ao identificar esses elementos, torna-se possível buscar soluções criativas que atendam aos interesses de todos os envolvidos.

Construção de confiança: Estabelecer um ambiente seguro onde as partes se sintam confortáveis para expressar suas verdadeiras preocupações e objetivos.

Transparência nas intenções: Ser claro quanto às próprias necessidades e limitações desde o início pode prevenir mal-entendidos e promover um diálogo aberto.

Foco no problema, não nas pessoas: Concentrar-se em resolver o problema em questão ao invés de atribuir culpas ou criticar pessoalmente os envolvidos ajuda a manter um clima positivo durante as negociações.

Outro aspecto relevante é a preparação prévia, que vai além do conhecimento sobre o assunto em discussão. Envolve também entender o contexto cultural, social e econômico no qual a outra parte está inserida. Essa compreensão ampliada facilita a proposição de soluções que sejam verdadeiramente valiosas para todos os envolvidos, reforçando o compromisso com resultados equitativos.

A flexibilidade é igualmente crucial nesta abordagem. Reconhecer quando ceder em certos pontos em prol do bem comum pode ser mais vantajoso a longo prazo do que manter uma posição rígida. A disposição para ajustar demandas e explorar alternativas demonstra boa vontade e fomenta um espírito colaborativo, essencial para alcançar acordos satisfatórios para todas as partes.

Por fim, enfatizar resultados positivos compartilhados contribui significativamente para uma percepção de sucesso mútuo na negociação. Quando ambas as partes percebem que conseguiram algo valioso através do acordo, isso não apenas resolve o impasse presente mas também pavimenta o caminho para futuras colaborações produtivas.

Assim, adotar técnicas de negociação baseadas em princípios éticos e ganha-ganha não só facilita acordos mais justos como também promove relações comerciais sustentáveis e respeitosas.

14.3 Exercícios práticos para aprimorar suas habilidades de negociação

A prática leva à perfeição, e isso não é diferente quando se trata de aprimorar habilidades de negociação. Através de exercícios práticos, é possível desenvolver uma maior sensibilidade às nuances das negociações, melhorando tanto a capacidade de comunicação quanto a eficácia em alcançar resultados mutuamente benéficos. Abaixo, exploramos alguns exercícios que podem ser incorporados ao seu treinamento para fortalecer suas competências nessa área.

Simulações de Negociação: Uma das formas mais eficazes de praticar é através da simulação de cenários reais de negociação. Isso pode ser feito em grupos, onde cada participante assume um papel específico baseado em um caso pré-definido. Essas simulações ajudam a entender melhor as dinâmicas e estratégias aplicáveis em diferentes situações.

Análise Crítica: Após cada simulação ou negociação real, reserve um momento para uma análise crítica do que ocorreu. Identifique o que funcionou bem e o que poderia ter sido melhorado. Essa reflexão permite uma aprendizagem contínua e ajustes nas abordagens futuras.

Jogos de Papéis Invertidos: Praticar jogos de papéis onde você assume o papel da outra parte na negociação pode oferecer insights valiosos sobre seus interesses e preocupações. Esse exercício ajuda a desenvolver empatia e compreensão mais profunda dos desafios enfrentados pelo outro lado.

Treinamento em Escuta Ativa: A escuta ativa é fundamental para entender verdadeiramente as necessidades e desejos da outra parte. Pratique com colegas ou amigos, focando totalmente naquilo que eles estão dizendo sem interromper ou planejar sua resposta enquanto eles falam. Isso melhora significativamente a qualidade da comunicação durante as negociações.

Feedback Construtivo: Envolver-se em sessões onde feedback construtivo é dado e recebido pode acelerar o processo de aprendizado. Peça aos colegas ou mentores que observem suas técnicas de negociação e ofereçam sugestões para melhorias.

Ao integrar esses exercícios no seu regime regular de treinamento, você estará não apenas fortalecendo suas habilidades existentes mas também adquirindo novas competências essenciais para negociar com sucesso em qualquer contexto. Lembre-se: a chave para se tornar um negociador eficaz reside tanto no conhecimento teórico quanto na prática constante dessas habilidades no mundo real.

15Lidando com Conflitos Interpessoais de Forma Construtiva

15.1 Como identificar os sinais precoces de conflito e evitá-los antes que se intensifiquem

A habilidade de identificar sinais precoces de conflitos interpessoais é crucial para prevenir a escalada dessas situações, promovendo um ambiente mais harmonioso tanto no âmbito pessoal quanto profissional. Este processo envolve uma observação atenta das dinâmicas de comunicação e comportamento entre as partes envolvidas. Ao reconhecer esses sinais iniciais, é possível intervir de maneira construtiva, evitando que desentendimentos menores se transformem em problemas maiores.

Um dos primeiros indicadores de um potencial conflito é a mudança na comunicação. Isso pode incluir uma redução na frequência ou qualidade das interações, bem como o surgimento de mal-entendidos frequentes. A presença de sarcasmo, críticas veladas ou respostas curtas e secas também podem sinalizar que algo não vai bem nas relações interpessoais.

Mudanças no comportamento habitual, como isolamento ou irritabilidade excessiva.

Aumento da sensibilidade a comentários ou ações, interpretando-os como pessoais ou ofensivos.

Declínio no desempenho profissional ou acadêmico, muitas vezes resultante do estresse causado pela tensão interpessoal.

Além disso, expressões faciais e linguagem corporal podem revelar muito sobre o estado emocional das pessoas envolvidas em um potencial conflito. Posturas fechadas, evitar contato visual e gestos agressivos são indicativos claros de desconforto ou antagonismo. Reconhecer esses sinais permite abordar as questões subjacentes antes que elas se intensifiquem.

Para evitar a escalada do conflito, é fundamental adotar uma abordagem empática e aberta ao diálogo desde o início.

Isso envolve escutar ativamente as preocupações da outra parte sem julgamentos precipitados, buscando compreender sua perspectiva. A prática da assertividade, expressando os próprios sentimentos e necessidades de forma clara e respeitosa, também é chave para resolver desentendimentos antes que eles cresçam.

Em suma, a capacidade de detectar sinais precoces de conflitos interpessoais e intervir é fundamental.

15.2 Técnicas eficazes para resolver conflitos interpessoais de maneira pacífica e satisfatória para todas as partes envolvidas

A resolução de conflitos interpessoais de forma pacífica e satisfatória é um componente essencial na construção de relações saudáveis e duradouras, tanto no ambiente profissional quanto pessoal. Este processo requer a aplicação de técnicas específicas que promovam o entendimento mútuo, o respeito pelas diferenças e a busca por soluções que atendam aos interesses de todos os envolvidos.

Uma das primeiras técnicas a ser considerada é a comunicação assertiva.

95

Esta abordagem envolve expressar os próprios pensamentos e sentimentos de maneira clara e direta, ao mesmo tempo em que se está aberto a ouvir e compreender as perspectivas dos outros. A assertividade permite que as partes expressem suas necessidades sem recorrer à agressividade ou passividade, facilitando assim uma negociação justa.

Escuta ativa: Essencial para entender verdadeiramente a posição da outra parte, envolve prestar total atenção ao que está sendo dito sem formular respostas enquanto o outro fala.

Empatia: Tentar ver a situação sob a ótica do outro pode ajudar a compreender suas motivações e sentimentos, criando um terreno comum para discussões produtivas.

Negociação baseada em interesses: Focar nos interesses subjacentes das partes em vez de suas posições iniciais pode revelar soluções criativas que satisfaçam ambas as partes.

Outra técnica importante é o uso da mediação. Em situações onde as partes têm dificuldade em chegar a um acordo por conta própria, um mediador neutro pode facilitar o diálogo, ajudando-as a explorar opções mutuamente benéficas.

O mediador não toma decisões pelos envolvidos mas trabalha para criar um ambiente seguro onde possam expressar-se livremente e trabalhar juntos na resolução do conflito.

A prática da desescalada também é crucial. Isso inclui reconhecer quando as emoções estão altas demais para uma discussão produtiva continuar e sugerir uma pausa até que todos possam se acalmar. Durante esse tempo, cada parte pode refletir sobre seus próprios pontos de vista e considerar os da outra parte com mais objetividade.

Por fim, estabelecer acordos claros e realizáveis é fundamental para garantir que qualquer solução encontrada seja implementada efetivamente. Isso pode incluir definir etapas específicas de ação ou critérios para avaliar o progresso em direção aos objetivos acordados. Ao garantir que todos os envolvidos estejam comprometidos com o acordo final, aumenta-se significativamente as chances de uma resolução bem-sucedida do conflito.

15.3 Exercícios práticos para desenvolver habilidades de resolução de conflitos

A capacidade de resolver conflitos de maneira eficaz é uma habilidade crucial tanto no ambiente profissional quanto pessoal.

Desenvolver essa competência envolve a prática constante e a aplicação de técnicas específicas que podem ser aprimoradas por meio de exercícios práticos. Esses exercícios são projetados para simular situações reais, permitindo aos participantes experimentar diferentes estratégias de resolução de conflitos em um ambiente controlado.

Um dos exercícios mais eficazes é o role-playing, onde os participantes assumem papéis em cenários fictícios de conflito. Esta técnica permite que as pessoas experimentem tanto a perspectiva do "eu" quanto a do "outro", promovendo uma compreensão mais profunda das emoções e motivações envolvidas. Além disso, o role-playing ajuda na prática da comunicação assertiva e da escuta ativa, duas habilidades essenciais mencionadas anteriormente.

Jogos de negociação: Estes jogos simulam situações onde os interesses das partes estão em conflito, incentivando os participantes a buscar soluções criativas que beneficiem todos os envolvidos.

Exercícios de empatia: Atividades focadas em entender as emoções e pontos de vista dos outros podem ajudar a desenvolver uma maior sensibilidade às necessidades alheias, facilitando abordagens mais compassivas na resolução de conflitos.

Dinâmicas de grupo: Tarefas que exigem trabalho em equipe para alcançar um objetivo comum podem destacar como os conflitos surgem naturalmente e oferecer oportunidades para praticar sua resolução em tempo real.

Além dessas atividades práticas, é importante refletir sobre as experiências vivenciadas durante os exercícios. A reflexão pode ser guiada por perguntas como: "O que aprendi sobre minha forma habitual de lidar com conflitos?", "Como posso aplicar as técnicas praticadas em situações reais?" e "Quais aspectos ainda preciso desenvolver?". Esse processo reflexivo não só consolida o aprendizado mas também incentiva a autoconsciência contínua sobre o próprio comportamento em situações conflictivas.

Por fim, é crucial reconhecer que o desenvolvimento das habilidades de resolução de conflitos é um processo contínuo. A prática regular desses exercícios, juntamente com uma avaliação honesta do progresso feito e áreas para melhoria, pode levar a melhorias significativas na capacidade individual e coletiva de gerenciar desacordos de maneira construtiva.

16 Liderança Encantadora: Inspirando Equipes e Motivando Pessoas

16.1 Características essenciais dos líderes encantadores e sua influência positiva nas equipes

A liderança encantadora é um conceito que transcende a mera gestão de pessoas, transformando-se em uma arte capaz de inspirar e motivar equipes a alcançarem seus objetivos com entusiasmo e dedicação. Os líderes que possuem essa habilidade natural ou desenvolvida de encantar são fundamentais para o sucesso organizacional, pois conseguem criar um ambiente de trabalho positivo, onde os membros da equipe se sentem valorizados, compreendidos e parte integral do processo. Este subtema explora as características essenciais desses líderes e como sua presença influencia positivamente as equipes.

Empatia: A capacidade de entender e compartilhar os sentimentos dos outros é fundamental. Líderes encantadores são aqueles que demonstram genuína preocupação com o bem-estar de seus colaboradores, criando uma conexão emocional forte que motiva e inspira.

Comunicação eficaz: Uma comunicação clara, aberta e inspiradora é vital. Esses líderes sabem como transmitir suas ideias e visões de maneira que todos entendam, se sintam incluídos no processo decisório e motivados a contribuir com seu melhor esforço.

Visão Inspiradora: Ter uma visão clara do futuro e conseguir compartilhá-la com a equipe de forma convincente é outra característica marcante. Isso ajuda a alinhar os objetivos individuais com os da organização, incentivando todos a trabalharem juntos por um propósito comum.

Autenticidade: Ser autêntico e transparente nas ações e decisões constrói confiança. Um líder encantador não teme mostrar vulnerabilidade; pelo contrário, usa-a para fortalecer as relações dentro da equipe.

Flexibilidade: A capacidade de adaptar-se às mudanças rapidamente e manter a equipe focada diante das adversidades é crucial. Líderes flexíveis incentivam a inovação e criatividade, permitindo que a equipe explore novas ideias sem medo do fracasso.

A influência positiva dessas características nos times manifesta-se através do aumento da reciprocidade.

101

16.2 Estratégias para motivar e engajar pessoas em um ambiente de trabalho

A motivação e o engajamento de equipes são fundamentais para o sucesso de qualquer organização. Líderes encantadores utilizam uma variedade de estratégias para inspirar suas equipes, criando um ambiente onde os colaboradores se sentem valorizados, compreendidos e parte essencial dos objetivos da empresa. Este segmento explora táticas eficazes que podem ser empregadas para elevar a moral da equipe e fomentar um senso coletivo de propósito e realização.

Reconhecimento personalizado: Uma das formas mais diretas de motivar indivíduos é através do reconhecimento de suas contribuições específicas. Isso pode variar desde elogios em reuniões até programas de recompensas mais estruturados. O importante é que o reconhecimento seja sincero e alinhado com os valores da pessoa.

Oportunidades de desenvolvimento: Oferecer oportunidades para o crescimento pessoal e profissional não apenas ajuda na retenção de talentos mas também mantém a equipe motivada. Isso pode incluir treinamentos, workshops ou até mesmo planos de carreira bem definidos dentro da organização.

Ambiente inclusivo: Criar um ambiente onde todos se sintam seguros para expressar ideias e opiniões promove a inovação e o engajamento. A diversidade deve ser celebrada, com líderes encorajando a participação ativa de todos os membros da equipe.

Metas claras e alcançáveis: Definir objetivos claros, juntamente com planos detalhados sobre como alcançá-los, dá à equipe uma direção focada. Celebrar as pequenas vitórias no caminho para metas maiores também serve como um poderoso motivador.

Feedback construtivo: Um diálogo aberto sobre desempenho não deve ser visto como crítica negativa, mas como uma oportunidade para crescimento. Feedback regular ajuda os colaboradores a entenderem como suas ações contribuem para o sucesso da empresa, incentivando-os a melhorar continuamente.

A implementação dessas estratégias requer uma liderança atenta às necessidades individuais dos colaboradores, bem como aos objetivos gerais da organização. Líderes que conseguem cultivar um ambiente positivo, baseado no respeito mútuo, transparência e apoio contínuo, são capazes de inspirar suas equipes a alcançarem níveis excepcionais de desempenho. Ao investir no bem-estar e desenvolvimento dos membros da equipe, líderes encantadores não apenas elevam a moral mas também promovem uma cultura.

16.3 Exercícios práticos para desenvolver habilidades de liderança encantadora

A liderança encantadora não é uma qualidade inata, mas sim um conjunto de habilidades que podem ser desenvolvidas e aprimoradas com prática e dedicação. Este segmento explora exercícios práticos projetados para cultivar as qualidades essenciais de um líder encantador, capaz de inspirar e motivar equipes a alcançarem seu potencial máximo.

Um dos primeiros passos na jornada para se tornar um líder mais encantador é o desenvolvimento da empatia. A capacidade de compreender e compartilhar os sentimentos dos outros é fundamental para criar conexões genuínas com os membros da equipe.

Diálogos Empáticos: Reserve um tempo para conversas individuais com cada membro da equipe, buscando entender suas motivações, desafios e aspirações pessoais. Essa prática ajuda a fortalecer os laços interpessoais e demonstra um interesse genuíno no bem-estar dos colaboradores.

Feedback Receptivo: Implemente sessões regulares de feedback onde tanto líderes quanto colaboradores possam compartilhar impressões sobre o trabalho e o ambiente organizacional. Encoraje uma cultura de feedback construtivo, onde todos se sintam seguros para expressar suas opiniões sem receio de represálias.

Jogos de Role-Playing: Organize atividades onde os participantes assumem diferentes papéis dentro da equipe ou empresa. Esses exercícios ajudam a promover a compreensão das diversas perspectivas dentro do grupo, além de fomentar habilidades como negociação, resolução de conflitos e tomada de decisão colaborativa.

Mentoria Cruzada: Estabeleça programas de mentoria onde membros mais experientes da equipe possam orientar novatos ou colegas de outras áreas. Isso não apenas facilita a transferência de conhecimento mas também incentiva o desenvolvimento profissional contínuo e a formação de relações interdepartamentais positivas.

A implementação desses exercícios requer comprometimento e abertura por parte do líder, bem como disposição da equipe em participar ativamente das atividades propostas. Líderes que dedicam tempo ao desenvolvimento pessoal e profissional dos seus colaboradores cultivam ambientes de trabalho mais harmoniosos, produtivos e motivadores.

Ao praticar esses exercícios regularmente, líderes podem transformar significativamente sua capacidade de engajar equipes, promovendo uma cultura organizacional baseada no respeito mútuo, na valorização das contribuições individuais e no comprometimento coletivo com o sucesso.

17 Encantamento na Era Digital: Construindo Relações Autênticas Online

17.1 Como utilizar as redes sociais e outras plataformas digitais para criar conexões genuínas

A era digital transformou radicalmente a maneira como nos conectamos com os outros, oferecendo oportunidades sem precedentes para estabelecer relações autênticas à distância. No entanto, a vastidão do espaço digital também apresenta desafios únicos na busca por conexões genuínas. Este subtema explora estratégias eficazes para utilizar as redes sociais e outras plataformas digitais de modo a construir relacionamentos significativos e duradouros.

Primeiramente, é fundamental compreender que a autenticidade é a pedra angular das conexões genuínas online. Isso significa ser fiel à sua personalidade, valores e interesses ao interagir nas plataformas digitais.

A transparência não apenas atrai pessoas com ideias semelhantes mas também estabelece uma base sólida para relações de confiança.

Compartilhe conteúdo que reflita suas paixões verdadeiras e experiências reais.

Seja honesto em suas interações, evitando exagerar ou falsificar aspectos da sua vida.

Mostre interesse genuíno pelas pessoas, fazendo perguntas e valorizando suas histórias e opiniões.

Além disso, a consistência na comunicação fortalece laços virtuais. Estabelecer um ritmo regular de interações — seja através de comentários, mensagens diretas ou participação em grupos — demonstra comprometimento com o relacionamento. Essa regularidade cria um senso de previsibilidade e segurança entre as partes envolvidas.

Mantenha uma presença ativa nas plataformas onde seu público-alvo ou amigos estão mais engajados.

Dedique tempo específico cada dia ou semana para interagir online, garantindo que sua presença digital seja constante mas não invasiva.

Autilização estratégica das funcionalidadesdasplataformas pode ampliar significativamente o alcance das suas conexões.

107

Ferramentas como hashtags, grupos temáticos e eventos online permitem encontrar indivíduos com interesses compartilhados.

17.2 Estratégias para transmitir autenticidade e empatia através do mundo virtual

A transmissão de autenticidade e empatia no ambiente digital é crucial para o desenvolvimento de relações profundas e significativas. Neste contexto, diversas estratégias podem ser empregadas para assegurar que a essência das interações não se perca na tradução virtual. A compreensão e aplicação dessas táticas são fundamentais para quem deseja estabelecer conexões genuínas online.

Uma das primeiras estratégias envolve a prática da escuta ativa nas plataformas digitais. Isso significa ler ou assistir ao conteúdo compartilhado pelos outros com atenção plena, respondendo de maneira reflexiva e considerada. Tal abordagem demonstra respeito e interesse genuíno pelo outro, elementos chave para a construção de uma relação autêntica.

Responder aos comentários com observações específicas que mostrem que você realmente absorveu o conteúdo.

Fazer perguntas abertas que incentivem a outra pessoa a compartilhar mais sobre si mesma.

Outra tática importante é a vulnerabilidade controlada, onde compartilhar aspectos pessoais pode ajudar a criar um espaço seguro para que os outros se sintam confortáveis em abrir-se também. No entanto, é vital equilibrar o quanto se compartilha, mantendo sempre uma linha clara entre o pessoal e o privado.

Compartilhe histórias ou experiências pessoais que estejam alinhadas com o contexto da conversa, mas sempre mantenha limites saudáveis.

A personalização das interações online também desempenha um papel crucial na transmissão de empatia. Utilizar o nome da pessoa, referenciar conversas anteriores ou detalhes mencionados por ela pode fazer toda a diferença na forma como sua mensagem é recebida.

Enviar mensagens diretas personalizadas ao invés de respostas genéricas automatizadas.

Por fim, manter uma consistência tanto na frequência quanto no tom das interações ajuda a fortalecer laços virtuais. Isso não significa estar online todo o tempo, mas sim ser previsível nas suas respostas e manter um equilíbrio entre dar e receber na comunicação digital.

Estabeleça horários regulares para verificar suas redes sociais e responder mensagens ou comentários.

Ao adotar estas estratégias, indivíduos e marcas podem navegar com sucesso no mundo digital criando conexões autênticas baseadas em confiança mútua e entendimento profundo

17.3 Exercícios práticos para cultivar relacionamentos online significativos

A construção de relacionamentos significativos na era digital exige mais do que apenas interações superficiais; requer um esforço consciente e estratégias bem pensadas. A seguir, são apresentados exercícios práticos que podem ajudar a aprofundar conexões virtuais, transformando-as em relações duradouras e autênticas.

Crie um projeto colaborativo online: Inicie um projeto que possa ser desenvolvido em conjunto com seus contatos digitais. Isso pode variar desde um blog coletivo até uma campanha de arrecadação de fundos. O trabalho em equipe fortalece os laços ao trabalhar por um objetivo comum.

Organize encontros virtuais temáticos: Promova reuniões online com temas específicos onde todos possam compartilhar suas experiências, conhecimentos ou simplesmente discutir sobre assuntos de interesse mútuo. Isso cria uma sensação de comunidade e pertencimento.

Desafios semanais de interação: Estabeleça desafios semanais que incentivem você e seus contatos a saírem da zona de conforto nas interações online. Pode ser algo como compartilhar uma história pessoal, realizar uma tarefa específica juntos ou até mesmo aprender algo novo juntos.

Além desses exercícios, é fundamental manter a consistência nas interações. Responder mensagens e comentários prontamente mostra que você valoriza a relação. Da mesma forma, dedicar tempo para conhecer melhor as pessoas com quem se conecta online, perguntando sobre seus interesses, projetos e bem-estar, contribui significativamente para o fortalecimento dos laços virtuais.

Participe ativamente das conquistas dos outros: Quando alguém compartilha uma conquista ou momento importante nas redes sociais, faça questão de reconhecer e celebrar esse momento com eles. Isso demonstra apoio e fortalece a conexão emocional entre vocês.

Por fim, lembre-se de que a autenticidade é chave no mundo virtual tanto quanto no físico. Seja genuíno nas suas interações; as pessoas tendem a responder positivamente à sinceridade e abertura.

111

Ao aplicar esses exercícios práticos na sua rotina digital, você estará não apenas cultivando relacionamentos online significativos mas também criando uma rede de apoio mútuo rica em diversidade e compreensão.

18 O Poder da Gratidão e da Generosidade no Encantamento

18.1 Como a gratidão pode fortalecer os laços interpessoais e melhorar a qualidade das relações

A gratidão, mais do que uma mera expressão de cortesia, é uma poderosa ferramenta de transformação social e pessoal. No contexto das relações interpessoais, ela atua como um catalisador para o fortalecimento dos vínculos, promovendo um ambiente de respeito mútuo e apreciação. Este subtema explora como a prática da gratidão pode enriquecer e profundar as conexões humanas, influenciando positivamente a qualidade das nossas interações diárias.

Em primeiro lugar, reconhecer e expressar gratidão pelas ações dos outros gera um ciclo virtuoso de positividade. Quando alguém se sente valorizado, há uma tendência natural em querer retribuir essa sensação de bem-estar. Isso não apenas fortalece os laços existentes mas também abre caminho para o desenvolvimento de novas relações baseadas na generosidade e no reconhecimento mútuo.

A gratidão promove uma percepção mais positiva sobre as pessoas ao nosso redor, incentivando-nos a focar nas qualidades e nos gestos benevolentes dos outros.

Ela ajuda a reduzir sentimentos negativos como inveja, ressentimento ou raiva, facilitando processos de perdão e compreensão.

Praticar gratidão pode melhorar significativamente nossa saúde mental e emocional, contribuindo para relações mais saudáveis e duradouras.

Além disso, estudos indicam que expressar gratidão pode aumentar os níveis de satisfação em relacionamentos íntimos. Ao demonstrarmos apreciação pelas pequenas coisas que nosso parceiro faz por nós, reforçamos o vínculo afetivo entre ambos. Isso cria uma base sólida para enfrentarmos juntos os desafios que possam surgir no caminho.

Por fim, é importante destacar que a gratidão deve ser genuína para que seus efeitos sejam verdadeiramente benéficos. Práticas diárias simples como manter um diário de gratidão ou dedicar alguns momentos do dia para refletir sobre as coisas pelas quais somos gratos podem fazer uma grande diferença na maneira como interagimos com o mundo ao nosso redor. Assim sendo, cultivar um espírito grato não apenas enriquece nossas próprias vidas

18.2 A importância da generosidade como forma de encantar as pessoas ao nosso redor

A generosidade é uma força transformadora que pode mudar a maneira como interagimos com o mundo e com as pessoas à nossa volta. Este conceito vai muito além do ato de dar algo material; trata-se de uma disposição para compartilhar, seja tempo, conhecimento ou recursos, sem esperar nada em troca. No contexto das relações humanas, a generosidade se apresenta como um meio poderoso de encantamento e construção de laços duradouros.

Quando praticamos a generosidade, enviamos uma mensagem clara de que valorizamos o outro acima das nossas próprias necessidades ou desejos. Esse gesto altruístico tem o potencial de criar um ambiente positivo onde a confiança e o respeito mútuo florescem. Além disso, ser generoso estimula nos outros a vontade de agir da mesma forma, gerando uma cadeia virtuosa de gentilezas que pode se estender por toda uma comunidade.

Atores sociais e empresas que adotam práticas generosas tendem a ser mais bem-vistos e apreciados pelo público.

A generosidade no ambiente de trabalho promove uma cultura organizacional mais colaborativa e menos competitiva.

Na esfera pessoal, pequenos atos de bondade podem fortalecer amizades e relações familiares, criando memórias afetivas duradouras.

Um aspecto fundamental da generosidade é sua capacidade de reconhecer e atender às necessidades dos outros sem julgamento ou expectativa de reciprocidade. Isso significa estar presente e disponível para ouvir, oferecer apoio emocional ou ajudar em momentos difíceis. Essa abordagem empática não apenas beneficia quem recebe mas também enriquece quem dá, promovendo um senso profundo de satisfação pessoal e bem-estar emocional.

Em suma, incorporar a generosidade em nossas vidas diárias é um passo significativo para construir relacionamentos mais ricos e significativos. Ao fazer isso, não só encantamos aqueles ao nosso redor mas também contribuímos para um mundo mais gentil e compassivo. Portanto, vale refletir sobre como podemos ser mais generosos em nossas interações cotidianas, seja através de grandes gestos ou pequenas ações que demonstram nossa preocupação genuína pelo bem-estar dos outros.

18.3 Exercícios práticos para cultivar uma mentalidade de gratidão e generosidade

A construção de uma mentalidade voltada para a gratidão e a generosidade pode ser estimulada por meio de exercícios práticos diários, que nos ajudam a reconhecer e valorizar as coisas boas da vida, bem como a compartilhar nossas bênçãos com os outros.

Esses exercícios não apenas promovem sentimentos positivos mas também fortalecem nossas relações interpessoais, criando um ciclo virtuoso de bondade e apreciação mútua.

Um dos exercícios mais simples e poderosos é manter um diário de gratidão. Todos os dias, reserve um momento para escrever pelo menos três coisas pelas quais você é grato. Isso pode variar desde acontecimentos significativos até pequenos prazeres cotidianos. Este hábito ajuda a focar na abundância presente em nossa vida, ao invés das carências ou desafios, mudando assim nossa perspectiva geral.

Outra prática recomendada é o ato consciente de expressar gratidão às pessoas ao seu redor. Isso pode ser feito através de palavras, como dizer "obrigado" de forma sincera, ou por meio de gestos simples que demonstrem apreço, como escrever cartões ou presentear alguém sem motivo especial.

Esses gestos não apenas alegram quem os recebe mas também reforçam nosso próprio sentimento de gratidão.

Voluntariado: Dedicar seu tempo e habilidades para ajudar aqueles em necessidade é uma forma profunda de praticar a generosidade. O voluntariado oferece uma nova perspectiva sobre nossas próprias vidas e nos conecta com a comunidade.

Compartilhar conhecimento: Seja mentorando alguém ou simplesmente compartilhando informações úteis com amigos ou colegas, o ato de distribuir conhecimento é uma forma valiosa de generosidade intelectual.

Atenção plena: Praticar a escuta ativa e estar verdadeiramente presente quando alguém precisa falar demonstra tanto gratidão quanto generosidade emocional.

Ao incorporarmos esses exercícios em nossa rotina diária, começamos a ver o mundo sob uma luz diferente - uma onde gentileza e apreço fluem livremente entre nós e as pessoas ao nosso redor. Com o tempo, essa mentalidade se torna parte integrante de quem somos, enriquecendo nossa experiência de vida e das comunidades das quais fazemos parte.

"Encantamento: Desvendando os Segredos da Atração" é uma obra inovadora no campo da não ficção, focada em transformar a compreensão e aplicação do encantamento nas interações humanas. Este livro se apresenta como um guia essencial para quem deseja aprimorar suas habilidades de comunicação, influência e persuasão, abrangendo tanto o âmbito pessoal quanto o profissional. Através de uma metodologia que combina ciência e acessibilidade, o autor explora os aspectos psicológicos, sociais e emocionais que fundamentam as relações humanas bem-sucedidas.

O livro divide-se em partes estratégicas que orientam o leitor pelos fundamentos do encantamento, destacando a importância da autenticidade e empatia como bases para estabelecer conexões verdadeiras. São oferecidas técnicas práticas para incrementar o carisma pessoal e persuadir de forma ética. Um diferencial notável da obra é sua abordagem holística, enfatizando também o autoconhecimento e desenvolvimento pessoal como elementos vitais para se tornar mais atrativo e influente.

Para profissionais do mundo corporativo ou líderes, "Encantamento" traz capítulos dedicados à implementação desses princípios no ambiente de trabalho, visando melhorar a comunicação interna e encantar clientes. Além disso, propõe desafios práticos ao final de cada capítulo para incentivar a aplicação dos conceitos aprendidos.

Em resumo, "Encantamento: Desvendando os Segredos da Atração" é uma leitura indispensável não só para entusiastas da psicologia social ou comunicadores mas também para qualquer pessoa interessada em enriquecer suas relações interpessoais e expandir sua influência positiva no mundo. O livro convida o leitor a uma jornada de descobertas pessoais e sobre como nos conectamos com os outros de maneira profunda e significativa.